Isabella Kranz

Die DSGVO und ihre Auswirkungen auf die Immobilienwirtschaft

Isabella Kranz

Die DSGVO und ihre Auswirkungen auf die Immobilienwirtschaft

Der richtige Umgang mit personenbezogenen Daten

Lehrbuchverlag

Imprint
Any brand names and product names mentioned in this book are subject to trademark, brand or patent protection and are trademarks or registered trademarks of their respective holders. The use of brand names, product names, common names, trade names, product descriptions etc. even without a particular marking in this work is in no way to be construed to mean that such names may be regarded as unrestricted in respect of trademark and brand protection legislation and could thus be used by anyone.

Cover image: www.ingimage.com

Publisher:
Der Lehrbuchverlag
is a trademark of
International Book Market Service Ltd., member of OmniScriptum Publishing Group
17 Meldrum Street, Beau Bassin 71504, Mauritius

Printed at: see last page
ISBN: 978-620-2-49006-1

Kurzfassung

Die Datenschutz-Grundverordnung zum Schutz der natürlichen Person bei der Verarbeitung von personenbezogenen Daten, welche am 25. Mai 2018 in Europa in Kraft getreten ist, hat in der Immobilienwirtschaft, bei der die Verarbeitung von personenbezogenen Daten naturgemäß von großer Bedeutung ist, zu einer tiefergehenden Beschäftigung mit den datenschutzrechtlichen Rahmenbedingungen geführt. In dieser Arbeit sollen einerseits die gesetzlichen Grundlagen im Detail betrachtet und in weiterer Folge die organisatorischen, juristischen und technischen Umsetzungen in der Praxis dargestellt werden. In dieser Arbeit werden die allgemeinen Voraussetzungen wie der räumliche und sachliche Anwendungsbereich betrachtet, speziell werden die personenbezogenen Daten, auf welche ja der Hauptaugenmerk der Datenschutz-Grundverordnung liegt, betrachtet. In weiterer Folge spielen auch die besonderen Kategorien der personenbezogenen Daten eine besondere Rolle. Der Inhalt sowie die Form des Verzeichnisses von Verarbeitungstätigkeiten, welches unter bestimmten gesetzlichen Voraussetzungen verpflichtend zu führen ist, werden im Detail erläutert. Die Arbeit enthält einen praxisnahen Leitfaden zur Erstellung des Verarbeitungsverzeichnisses und zeigt die Pflichtangaben sowie mögliche, interne Zusatzangaben auf. Weiters werden im Zuge der Arbeit die agierenden Personenkreise im Rahmen der Datenschutz-Grundverordnung definiert. Die in diesem Zusammenhang notwendige Auftragsverarbeitervereinbarung wird am Beispiel der Mustervorlage der Wirtschaftskammer Österreich mit einer tatsächlichen abgeschlossenen Vereinbarung mit einer österreichischen Privatstiftung analysiert. Am Beispiel einer Anwesenheitsliste im Protokoll einer Eigentümerversammlung wird die Rolle einer Wohnungseigentümergemeinschaft betrachtet. Ebenso wird der Zyklus eines klassischen Mietverhältnisses im Hinblick auf die Datenschutzgrundverordnung betrachtet und hier die Möglichkeiten aber auch Grenzen der Speicherung und Erhebung von personenbezogenen Daten aufzuzeigen. Eine ebenso wichtige Rolle spielt hier auch die Erfüllung der Informationspflichten, welche am Beispiel von Vorlagen des Österreichischen Verbands der Immobilienwirtschaft im Detail dargelegt werden. Die Rechtmäßigkeit der Datenverarbeitungsprozesse sowie die Absicherung von Datenübermittlungen sind ebenso essentiell wie das Informationsrecht und die Modalitäten für die Ausübung der Betroffenenrechte. An dieser Stelle werden die Mustervorlagen des Österreichischen Verbands der Immobilienwirtschaft im Detail analysiert.

1. Einleitung

Die Datenschutz-Grundverordnung (DSGVO), die zum Schutz der natürlichen Person bei der Verarbeitung von personenbezogenen Daten, die am 25. Mai 2018 in Europa in Kraft getreten ist, hat in der Immobilienbranche, bei der die Verarbeitung von personenbezogenen Daten naturgemäß von großer Bedeutung ist, zu einer tiefergehenden Beschäftigung mit den datenschutzrechtlichen Rahmenbedingungen geführt. In dieser Arbeit sollen einerseits die gesetzlichen Grundlagen im Detail betrachtet und in weiterer Folge die organisatorischen, juristischen und technischen Umsetzungen in der Praxis dargestellt werden.

Ein wichtiges Augenmerk soll hier auch auf die tatsächlich in der Praxis relevanten personenbezogenen Daten gelegt werden und in welchen Bereichen es durch die neue gesetzliche Regelung zu Herausforderungen kommen kann. Aus Sicht der Immobilienverwaltung sollen die Bereiche des Mietrechts und des Wohnungseigentums genauer beleuchtet werden. Im Rahmen der Verwaltung von Mietobjekten ist die juristische Frage zwar um einiges klarer, stellt aber in der Praxis die Immobilienverwaltung als auch Hauseigentümer, in ihrer Konstellation ebenso vor Herausforderungen. Hier soll vor allem der richtige Umgang mit Mieterdaten – aktuellen sowie historischen – als auch Daten von Interessenten erarbeitet werden. Im Bereich der Immobilienvermarktung wird der auf Basis der neuen Gesetzeslage korrekte Umgang mit personenbezogenen Daten von Wohnungsinteressenten analysiert und auch die rechtlichen Grenzen der darin definierten Löschungsverpflichtung aufgezeigt. Vor allem aber stellt die Verordnung auch neue Ansprüche an datenverarbeitende Systeme. Es soll im Zuge der Arbeit der praxisnahe Umgang im Bereich der Immobilienverwaltung mit aktuellen Wohnungseigentümern und Mieterin sowie mit ehemaligen Kunden beleuchtet werden und auch die zeitlichen und rechtlichen Grenzen der normierten Löschungspflicht aufgezeigt werden. Im Anschluss daran wird der Umfang, mit dem Auskunftsersuchen zu beantworten sind, im Detail betrachtet werden. Ebenso wird eine Methodik zur Erstellung eines Verarbeitungsverzeichnisses entwickelt, welches den Ausgangspunkt jeglicher Verarbeitung von personenbezogenen Daten darstellt.

Diese Arbeit versucht einen praxisnahen Leitfaden darzustellen, wie mit der DSGVO umgegangen werden kann und welche Anforderungen an die datenverarbeitenden IT-Systeme gestellt werden, um die Ansprüche optimal erfüllen zu können.

1.1. Räumlicher Anwendungsbereich

Die Anwendbarkeit der Datenschutz-Grundverordnung ist räumlich eingegrenzt. Hier muss im ersten Schritt unterschieden werden, ob der Firmensitz sich innerhalb oder außerhalb der Europäischen Union befindet.

1.1.1. Niederlassung in der Europäischen Union

Räumlich gesehen findet die DSGVO Anwendung auf die Verarbeitung personenbezogener Daten, soweit diese im Rahmen der Tätigkeiten eine Niederlassung eines für die Verarbeitung Verantwortlichen oder eines Auftragsverarbeiters in der Europäischen Union erfolgt, unabhängig davon, ob die Verarbeitung in der Union oder außerhalb sattfindet. Eine Niederlassung setzt die effektive und tatsächliche Ausübung einer Tätigkeit durch eine feste Einrichtung voraus, Die Rechtsform einer solchen Einrichtung, gleich, ob es sich um eine Zweigstelle oder eine Tochtergesellschaft mit eigener Rechtspersönlichkeit handelt, ist dabei unerheblich. [1]

1.1.2. Niederlassung außerhalb der Europäischen Union

Weiterhin findet die DSGVO Anwendung auf die Verarbeitung personenbezogener Daten von betroffenen Personen, die sich in der Europäischen Union aufhalten und deren für die Verarbeitung Verantwortlicher oder Auftragsverarbeiter nicht in der Europäischen Union niedergelassen ist, wenn die Datenverarbeitung

- dazu dient, betroffene Personen in der Union Waren oder Dienstleistungen anzubieten, unabhängig davon, ob von diesen betroffenen Personen eine Zahlung zu leisten ist oder
- der Beobachtung ihres Verhaltens dient, soweit dieses in der Europäischen Union erfolgt. [2]

[1] Jörg Hadlik, Sachlicher und räumlicher Anwendungsbereich der DSGVO, in Knyrim (Hrsg), Datenschutz-Grundverordnung (2016) Seite 40
[2] a.a.O. Seite 41

1.2. Sachlicher Anwendungsbereich der DSGVO

Die Datenschutzgrundverordnung (kurz DSGVO) gilt für die ganz oder teilweise automatisierte Verarbeitung personenbezogener Daten sowie für die nichtautomatisierte Verarbeitung personenbezogener Daten, die in einer Datei gespeichert sind oder gespeichert werden sollen. Dies macht einen Blick auf die relevanten Definitionen notwendig.[3]

1.2.1. Personenbezogene Daten

Nach der Definition der DSGVO sind „personenbezogene Daten" „alle Informationen, die sich auf eine bestimmte oder bestimmbare natürliche Person (betroffene Person) beziehen; als bestimmbar wird eine Person angesehen, die direkt oder indirekt, insbesondere mittels Zuordnung zu einer Kennung wie einem Namen, zu einer Kennnummer, zu Standortdaten, zu einer Onlinekennung oder zu einem oder mehreren besonderen Merkmalen bestimmt werden kann, die Ausdruck ihrer physischen, physiologischen, genetischen, psychischen, wirtschaftlichen, kulturellen oder sozialen Identität sind." Die DSGVO regelt damit die Verarbeitung personenbezogener Daten natürlicher Personen ungeachtet ihrer Staatsangehörigkeit oder ihres Aufenthaltsorts. Auf juristische Personen und insbesondere als juristische Person gegründete Unternehmen, deren Daten – zum Beispiel Name, Rechtsform oder Kontaktdaten – verarbeitet werden, findet die DSGVO keine Anwendung.[4]

---

[3] Jörg Hadlik, Sachlicher und räumlicher Anwendungsbereich der DSGVO, in Knyrim (Hrsg), Datenschutz-Grundverordnung (2016) Seite 39
[4] a.a.O. Seite 39

1.2.2. Besondere Kategorien personenbezogene Daten (sensible Daten)

Zu den sensiblen Daten gehören die folgenden Informationen einer natürlichen Person:

- rassische oder ethnische Herkunft
- politische Meinungen
- religiöse oder weltanschauliche Überzeugungen
- Gewerkschaftszugehörigkeit
- Genetische Daten
- Biometrische Daten, die zur eindeutigen Identifizierung einer natürlichen Person verarbeitet warden
- Gesundheitsdaten
- Daten zum Sexualleben oder zur sexuellen Orientierung[5]

Die DSGVO berücksichtigt in besonderem Maße neben der Verarbeitung besonderer Kategorien personenbezogener Daten (Art 9[6]) auch die Verarbeitung personenbezogener Daten über strafrechtliche Verurteilungen und Straftaten oder damit zusammenhängende Sicherungsmaßregeln (sog „strafrechtsbezogene Daten", Art 10[7]).

1.2.3. pseudonymisierte Daten

Pseudonymisierung ist das Verändern personenbezogener Daten durch eine Zuordnungsvorschrift, so dass die Einzelangaben oder sachliche Verhältnisse ohne Kenntnis oder Nutzung der Zuordnungsvorschrift nicht mehr einer natürlichen Person zugeordnet werden können. Das heißt: Personenbezogene Daten und Identitätsmerkmal werden getrennt, allerdings besteht immer noch die Möglichkeit der Zuordnung der Daten zu einer Person.

Pseudonymisierte Daten sind sohin Informationen, die sich auf eine identifizierbare oder identifizierbare Person beziehen. In diesem Sinn kann auch von einer Teilidentität oder von partieller Anonymität gesprochen werden. Ziel der Pseudonymisierung ist es, nur bei Bedarf und unter Einhaltung der vorher definierten Rahmenbedingungen den Personenbezug herstellen zu können. Die

[5] Christian Bergauer, Personenbezogene Daten, in Knyrim (Hrsg), Datenschutz-Grundverordnung (2016) Seite 56

[6] Pollirer/Weiss/Knyrim/Haidinger; DSGVO (2017) Art 9 Seite 34

[7] a.a.O. Art 10 Seite 40

Möglichkeit einer Rückidentifizierung bleibt bestehen. Aus datenschutzrechtlicher Sicht heben Pseudonymisierung den Personenbezug nicht auf, sondern stellen Maßnahmen der Datensparsamkeit und Datensicherheit dar.[8]

1.2.4. Zusammenfassung personenbezogene Daten

Personenbezogene Daten iSd Art 4 Z 1[9] bestehen grundsätzlich aus drei Komponenten. Erstens aus einer „Verarbeitungskomponente", die sich implizit aus dem sachlichen Anwendungsbereich der DSGVO bezüglich der automatisierten, teilautomatisierten bzw. nicht automatisierten, aber in einem Dateisystem organisierten Datenverarbeitung ergibt. Zweitens müssen Daten, die derart verarbeitet werden, einen Bezug zu einem Menschen aufweisen. Ein solcher kann darin gesehen werden, dass diese Dateninhalte etwas über einen Menschen aussagen oder diesem Menschen zugeordnet werden können.[10]

Drittens muss der Mensch, auf den sich die Daten beziehen, identifiziert oder zumindest identifizierbar sein. Nur sofern alle drei Komponenten vorliegen, ist von „personenbezogenen Daten" iSd DSGVO die Rede. Anonyme Daten, die nicht in den Anwendungsbereich der DSGVO fallen, liegen einerseits vor, wenn sich die Dateninhalte überhaupt nicht auf einen Menschen beziehen (lassen), und andererseits, wenn zwar menschbezogene Inhalte vorhanden sind, dieser Mensch aber gar nicht oder nach allgemeinen Ermessen unter Berücksichtigung sämtlicher Mittel aus Sicht des Verantwortlichen oder einer anderen Person nur unwahrscheinlich identifiziert werden kann.[11]

Personenbezogene Daten können besonderer Datenkategorien (sog „sensible Daten") oder strafrechtsbezogene Daten zum Inhalt haben. Bei den sensiblen Daten wurden im Unterschied zur Datenschutzrichtlinie zusätzlich zu den in der Regel bestehenden Kategorien der rassischen und ethischen Herkunft, politische Meinungen, religiösen oder weltanschauliche Überzeugungen, Gewerkschaftszugehörigkeit, Sexualleben und sexuelle Orientierung sowie Gesundheitsdaten, neue Kategorien, nämlich die genetischen Daten und

---

[8] Elisabeth Hödl, Definition und Anwendung der Pseudonymisierung, in Knyrim (Hrsg), Datenschutz-Grundverordnung (2016) Seite 65
[9] Pollirer/Weiss/Knyrim/Haidinger; DSGVO (2017) Art 4 Seite 13
[10] Christian Bergauer, Personenbezogene Daten, in Knyrim (Hrsg), Datenschutz-Grundverordnung (2016) Seite 63ff
[11] a.a.O. Seite 63ff

biometrischen Daten, eingeführt. Diese neuen sensiblen Datenkategorien, aber auch die Gesundheitsdaten, wurden mit eigenen Definitionen in Art 4 aufgenommen. Die Einordnung von personenbezogenen Mischdaten (also Daten, aus denen sowohl nicht sensible aus auch sensible Informationen hervorgehen) sollte nach objektiven Gesichtspunkten und – mit Ausnahme der biometrischen Daten, die lediglich dann als sensibel gelten, wenn sie zur eindeutigen Identifizierung einer Person verarbeitet werden – nicht aufgrund des konkreten Verwendungszusammenhangs oder nach der (subjektiven) Verwendungsabsicht des Verantwortlichen der Datenverarbeitung erfolgen. [12]

Ergänzend sei noch darauf hingewiesen, dass neben der Verarbeitung sensibler Daten (Art 9[13]) auch nach der DSGVO ein eigenes Regime bezüglich der Verarbeitung personenbezogener Daten über strafrechtliche Verurteilungen und Strafdaten oder damit zusammenhängende Sicherungsmaßregeln (sog „strafrechtsbezogene Daten") besteht, das nunmehr – klarer als noch nach der Datenschutzrichtlinie – als autonome Regelung (Art 10)[14] normiert wurde, die prinzipiell auch als die speziellere dem Verarbeitungsregime des Art 9 vorgeht.[15]

Aufgrund der dargestellten sachlichen und räumlichen Anwendungsbereiche geht ganz klar hervor, dass die DSGVO gerade in der Immobilienwirtschaft eine große Rolle spielt – vor allem, da sich hier zu einem Großteil um Geschäftsbeziehungen handelt, welche sich dem B2C-Bereich zuordnen lassen.

Andererseits nehmen die besonderen Datenkategorien keinen hohen Stellenwert ein. Weder in der Immobilienverwaltung, in der Vermarktung von Objekten sowie in der Sphäre des Bauträgers werden die sogenannten sensiblen oder strafrechtsbezogene Daten für die jeweilige Erfüllung der vertraglichen Verpflichtungen benötigt.

---

[12] Christian Bergauer, Personenbezogene Daten, in Knyrim (Hrsg), Datenschutz-Grundverordnung (2016) Seite 63ff
[13] Pollirer/Weiss/Knyrim/Haidinger; DSGVO (2017) Art 9 Seite 34
[14] a.a.O. Art 10 Seite 40
[15] Christian Bergauer, Personenbezogene Daten, in Knyrim (Hrsg), Datenschutz-Grundverordnung (2016) Seite 63ff

1.2.5. Verarbeitung

Nach der Definition der DSGVO bezeichnet „Verarbeitung" „ jeden mit oder ohne Hilfe automatisierter Verfahren ausgeführten Vorgang oder jede solche Vorgangsreiche im Zusammenhang mit personenbezogenen Daten wie das Erheben, das Erfassen, die Organisation, das Ordnen, die Speicherung, die Anpassung oder Veränderung, das Auslesen, das Abfragen, die Verwendung, die Weitergabe durch Übermittlung, Verbreitung oder eine andere Form der Bereitstellung, den Abgleich oder die Verknüpfung, die Einschränkung, das Löschen oder die Vernichtung." Dem Anwendungsbereich der DSGVO liegt daher ein sehr weiter Verarbeitungsbegriff zugrunde, der jeglichen Umgang mit personenbezogenen Daten erfasst.[16]

1.2.6. Datei

Nach der Definition der DSGVO ist „Datei" „jede strukturierte Sammlung personenbezogener Daten, die nach bestimmten Kriterien zugänglich sind, unabhängig davon, ob diese Sammlung zentral, dezentral oder nach funktionalen oder geografischen Gesichtspunkten geordnet geführt wird." Die DSGVO geht davon aus, dass der Schutz natürlicher Personen technologieneutral sein und nicht von den verwendeten Verfahren abhängen soll, da andernfalls das Risiko einer Umgehung der Vorschriften groß wäre. Daher gilt der Schutz für die automatisierte Verarbeitung personenbezogener Daten ebenso wie für die manuelle Verarbeitung von personenbezogenen Daten, die in einer Datei gespeichert werden sollen. Dagegen sind Akten oder Aktensammlungen sowie ihre Deckblätter, die nicht nach bestimmten Kriterien geordnet sind, vom Anwendungsbereich der Verordnung ausgenommen. [17]

---

[16] Jörg Hadlik, Sachlicher und räumlicher Anwendungsbereich der DSGVO, in Knyrim (Hrsg), Datenschutz-Grundverordnung (2016) Seite 39
[17] a.a.O. Seite 40

2. Verzeichnis von Verarbeitungstätigkeiten

In Art 30[18] ist die Verpflichtung geregelt, dass der sog Verantwortliche (bisherige Bezeichnung im österreichischen Recht: „Auftraggeber"), aber auch ein sog. Auftragsverarbeiter (bislang „Dienstleister") jeweils ein Verzeichnis führen müssen, in dem alle „Verarbeitungstätigkeiten, die ihrer Zuständigkeit unterliegen", aufgenommen sind. Bislang gab es in Österreich nur die Pflicht, interne Datenverarbeitungs-Verfahren in das österreichische Datenverarbeitungsregister zu melden, nicht aber, unternehmensintern selbst ein solches Verzeichnis zu führen. [19] Eine grundlegende Frage ist, welche Unternehmen ein solches Verzeichnis überhaupt führen müssen und ob es Ausnahmen von der Pflicht gibt. [20]

2.1. Ausnahmen von der Pflicht zur Führung

Der Verordnungsgeber hat eine Ausnahme vorgesehen, wonach die Pflicht zur Erstellung eines Verzeichnisses entfallen soll (Art 30 Abs 5[21]). [22]

2.1.1. Mitarbeiteranzahl

Grundvoraussetzung für das Eintreten dieser Ausnahme ist zunächst, dass das betroffene Unternehmen weniger als 250 Mitarbeiter hat. Dabei wird nicht differenziert, ob es sich hier um Voll- oder Teilzeitmitarbeiter handelt. Ist diese erste Hürde der Mitarbeiteranzahl genommen, müssen weitere drei Voraussetzungen erfüllt sein, damit die Ausnahme greift: [23]

---

[18] Pollirer/Weiss/Knyrim/Haidinger; DSGVO (2017) Art 30 Seite 81
[19] Robert Selk, Verzeichnis von Verarbeitungstätigkeiten (Art 30 DSGVO): Wer muss es haben, wie hat es auszusehen?, in Knyrim (Hrsg), Datenschutz-Grundverordnung (2016) Seite 181
[20] a.a.O. Seite 183
[21] Pollirer/Weiss/Knyrim/Haidinger; DSGVO (2017) Art 30 Seite 82
[22] Robert Selk, Verzeichnis von Verarbeitungstätigkeiten (Art 30 DSGVO): Wer muss es haben, wie hat es auszusehen?, in Knyrim (Hrsg), Datenschutz-Grundverordnung (2016) Seite 184
[23] a.a.O. Seite 184

2.1.2. Kein Risiko für die Rechte und Freiheiten

Die in Betracht kommende Verarbeitung darf kein Risiko für die Rechte und Freiheiten der betroffenen Personen bergen. Falls aber doch so ein Risiko vorliegt, entfällt also für diese spezielle Verarbeitung – auch für Unternehmen mit weniger als 250 Mitarbeiterin – die Verpflichtung, diese Verarbeitung in das Verzeichnis aufzunehmen, nicht. [24]

2.1.3. Nicht nur gelegentlich

Betrachtet man die nächste Voraussetzung, bezieht sich auf diese Formulierung auf eine Verarbeitung im Singular: Wenn (genau) diese nicht nur gelegentlich erfolgt, dann greift die Ausnahme ebenfalls nicht und es ist dafür ein Verzeichnis anzufertigen (bzw. diese Verarbeitung in einer Art Gesamtverzeichnis aufzunehmen). Ein Unternehmen hat aber Dutzende oder Hunderte von Verarbeitungen, die sich nicht alle einheitlich betrachten oder bewerten lassen: Die eine Verarbeitung mag nur gelegentlich erfolgen, andere Verarbeitungen hingegen ständig und regelmäßig, etwa die Lohnbuchhaltung für Mitarbeiter. [25]

2.1.4. Keine besonderen Datenkategorien u.a.

Auch hier ergibt diese Ausnahme nur Sinn, wenn man auf die einzelne, spezielle Verarbeitung abstellt: Denn wenn es um die Verarbeitung solcher besonderer Datenkategorien geht, besteht die Verzeichnispflicht aufgrund der besonderen Risiken, ansonsten nicht. Wenn also ein Kleinunternehmen, zum Beispiel eine Immobilienverwaltung mit weniger als 250 Mitarbeitern, etwa Daten von Mietern verarbeitet, muss das Unternehmen für diese Verarbeitung dennoch ein Verzeichnis führen bzw. das Verfahren in das Gesamtverzeichnis aufnehmen. [26]

---

[24] Robert Selk, Verzeichnis von Verarbeitungstätigkeiten (Art 30 DSGVO): Wer muss es haben, wie hat es auszusehen?, in Knyrim (Hrsg), Datenschutz-Grundverordnung (2016) Seite 184

[25] a.a.O. Seite 185

[26] a.a.O. Seite186

2.1.5. Zusammenfassung

Der Umstand, dass sich die Ausnahme – wenn sie überhaupt greift – nur auf einzelne Verarbeitungen bezieht, ist auch in Hinblick auf den Zweck der Vorschrift schlüssig: Denn dieser besteht darin, der Datenschutzbehörde auf einen Blick ein Bild zu verschaffen, wie die Datenschutzsituation ist. Verarbeitungen, für die eine der Ausnahmen greift, sind quasi „ungefährlich" und nicht verzeichnispflichtig, da für die Behörde weniger interessant, die „gefährlichen" Verarbeitungen dagegen schon. Dies ist nachvollziehbar, muss sich doch die Datenschutzbehörde auch bei Unternehmen mit weniger als 250 Mitarbeitern von den dortigen „gefährlichen" Datenverarbeitungen ein Bild machen. Es scheint daher nicht möglich, Abs 5 und damit die Ausnahme so zu lesen, dass – wenn eine der Voraussetzungen erfüllt ist – das Unternehmen gänzlich von der Verzeichnispflicht befreit ist. Vielmehr bezieht sich eine Ausnahme immer nur auf spezielle Verarbeitungen, die von der Pflicht ausgenommen sein können. [27]

Es ist also von Unternehmen mit weniger als 250 Mitarbeitern sehr sorgfältig zu prüfen, ob und bei welchen speziellen Verarbeitungen die Ausnahme gilt: Für die eine Verarbeitung kann bei solchen kleineren Unternehmen die Ausnahme greifen, für andere Verarbeitungen im selben Unternehmen dagegen nicht. Bei Unsicherheit sollte man vorsorglich besser die Verarbeitung in ein Verzeichnis aufnehmen, als ein Risiko einzugehen. [28]

Die hier dargestellten Voraussetzungen zur Ausnahme zur verpflichteten Führung eines Verarbeitungsverzeichnisses lassen den Rückschluss zu, dass für den Bereich der Immobilientreuhänder keine Ausnahme geltend gemacht werden kann. Selbst wenn die unter Punkt 3.2 genannte Mitarbeiteranzahl nicht überschritten wird und kein Risiko für die Rechte und Freiheiten besteht sowie keine besonderen Datenkategorien von natürlichen Personen verarbeitet werden, so ist doch davon auszugehen, dass die Verarbeitung von personenbezogenen Daten fast ausschließlich nicht gelegentlich erfolgt.

---

[27] Robert Selk, Verzeichnis von Verarbeitungstätigkeiten (Art 30 DSGVO): Wer muss es haben, wie hat es auszusehen? in Knyrim (Hrsg), Datenschutz-Grundverordnung (2016) Seite 186

[28] a.a.O. Seite 186

2.2. Form des Verzeichnisses

Das Verzeichnis ist schriftlich zu führen, was auch in einem elektronischen Format erfolgen kann. Die Begriffe „schriftlich" und „elektronisches Format" sind EU-rechtlich auszulegen, auf die nationalen Definitionen dazu darf nicht zurückgegriffen werden. Die DSGVO selbst enthält dazu keine Definitionen. Die Vorgabe ist damit so zu verstehen, dass das Verzeichnis „irgendwie" verkörpert sein muss, was schon deswegen nötig ist, um es der Behörde zur Verfügung stellen zu können. Ob dies dann in Papierform und ausgedruckt erfolgt oder auf einem Datenträger bzw. per E-Mail-Anhang, wäre nachrangig. Wichtig ist, dass es als Ganzes überlassen werden kann. Denkbar ist damit eine Führung etwa in Excel, Word oder auch per Datenbank, sofern die eigentlichen Verzeichnisse gedruckt werden können. [29]

2.3. Inhalt des Verzeichnisses

In Art 30 Abs 1[30] sind die Angaben, die das Verzeichnis eines Verantwortlichen für „seine" Datenverarbeitungstätigkeiten beinhalten muss, aufgelistet, in Abs 2[31] die Angaben, die der Auftragsverarbeiter in das Verzeichnis betreffend der Verarbeitungen, die er für seine Kunden durchführt, aufzunehmen hat. Dies bedeutet: Jeder Vorgang bzw. jede Aktivität einer Verarbeitung ist im Verzeichnis zu erfassen und zu beschreiben. Oder mit anderen Worten: Pro Vorgang/ Verarbeitungstätigkeit sind die Informationen nach Abs 1 lit a-g anzugeben. Dies führt zur nächsten Frage: Was genau ist denn eine Verarbeitungstätigkeit? Es handelt sich hier um eine sehr praxisrelevante Frage, denn von ihrer Beantwortung hängt ab, wie umfangreich das Verzeichnis wird. [32]

---

[29] Robert Selk, Verzeichnis von Verarbeitungstätigkeiten (Art 30 DSGVO): Wer muss es haben, wie hat es auszusehen?, in Knyrim (Hrsg), Datenschutz-Grundverordnung (2016) Seite 187

[30] Pollirer/Weiss/Knyrim/Haidinger; DSGVO (2017) Art 30 Seite 81

[31] a.a.O. Art 30 Seite 81

[32] Robert Selk, Verzeichnis von Verarbeitungstätigkeiten (Art 30 DSGVO): Wer muss es haben, wie hat es auszusehen?, in Knyrim (Hrsg), Datenschutz-Grundverordnung (2016) Seite 188

2.4. Muster eines Verarbeitungsverzeichnisses

Die Pflicht zur Führung trifft zunächst den Verantwortlichen (Art 30 Abs 1[33]). Gibt es einen solchen in der EU nicht, hat sein Vertreter diese Pflicht zu erfüllen. Nach Art 30 Abs 2[34] trifft aber auch den Auftragsverarbeiter die Pflicht zur Erstellung eines solchen Verzeichnisses, gegebenenfalls wiederum seinen Vertreter. Die Verzeichnisverpflichtung bezieht sich beim Auftragsverarbeiter aber auf diejenigen Datenverarbeitungen, die der Auftragsverarbeiter für seine Kunden, als den eigentlich Verantwortlichen, durchführt. Einen Auftragsverarbeiter trifft die Verzeichnispflicht doppelt; einmal als Verantwortlicher für die eigenen Daten, das andere Mal als Auftragsverarbeiter für diejenigen Datenverarbeitungen, die er für seine Kunden in deren Auftrag durchführt. [35]

Seitens des Österreichischen Verbands der Immobilientreuhänder wurden den Immobilientreuhändern entsprechende Muster zur Verfügung gestellt. Am Beispiel der Verarbeitungstätigkeit „Verarbeitung und Übermittlung von Daten im Rahmen der Verwaltung von Objekten für Dritte, einschließlich automationsunterstützt erstellter und archivierter Textdokumente“ (wie zum Beispiel Korrespondenz) in diesen Angelegenheiten ist ersichtlich, dass hier folgende Kategorien im Verzeichnis angeführt werden:

- Verantwortliche Person im Unternehmen
- Kurzbezeichnung
- Zweck
- Betroffenengruppe
- Datenkategorien
- Empfänger intern
- Empfänger extern
- Übermittlung Drittstaaten
- Löschfrist / Aufbewahrungsdauer
- TOMs (technische und organisatorische Maßnahmen) Abweichungen
- Rechtsgrundlage
- Herkunft
- Bemerkungen

[33] Pollirer/Weiss/Knyrim/Haidinger; DSGVO (2017) Art 30 Seite 81
[34] a.a.O. Art 30 Seite 81
[35] Robert Selk, Verzeichnis von Verarbeitungstätigkeiten (Art 30 DSGVO): Wer muss es haben, wie hat es auszusehen? in Knyrim (Hrsg), Datenschutz-Grundverordnung (2016) Seite 183

Die Vorlage (Anhang Nr. 1) ist im Excel gestaltet und kann somit nach den jeweiligen individuellen Anforderungen verändert werden.

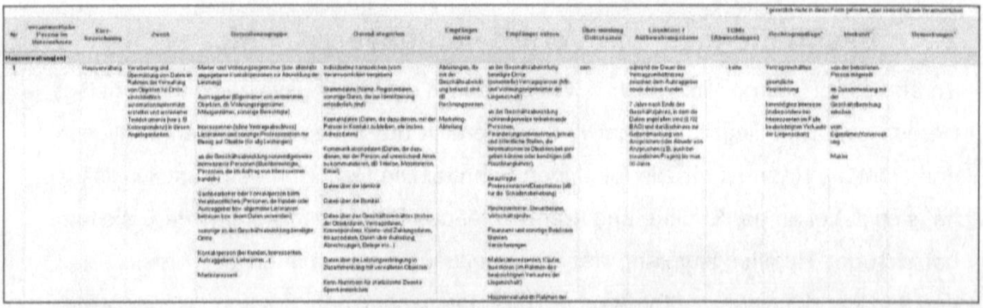

Abb. 1: Muster eines Verarbeitungsverzeichnisses, Quelle: Österreichischer Verband der Immobilientreuhänder, VV Art 30 Hausverwaltung ÖVI Muster 03.2018

2.5. Beurteilung des Musters

Der Umstand, dass seitens der Interessenvertretung ein sehr allgemein gehaltenes Muster zur Verfügung gestellt wurde, muss auf jeden Fall berücksichtigt werden. Das gewählte Muster, welches sich an die Anforderungen von Immobilienverwaltungen orientiert, enthält alle vom Gesetzgeber geforderten Informationen.

Zusätzlich wurden die Kategorien Rechtsgrundlage und Herkunft ergänzt. Dies kann dahingehend als sinnvoll erachtet, werden, als zum Beispiel für Daten, die der Verantwortliche bzw. der Auftragsverarbeiter von einer natürlichen Person selbst erhält, keine Auskunftspflicht besteht.

2.6. Erstellung eines Verarbeitungsverzeichnisses

Die Dokumentation der einzelnen Prozesse der Datenverarbeitung stellt eine nicht zu unterschätzende Aufgabe im Unternehmen dar und dient gleichzeitig als Grundlage für die rechtlich korrekte Verarbeitung personenbezogener Daten.

Die Erstellung eines Verarbeitungsverzeichnis soll jedoch nicht nur die bestimmungskonforme Anwendung der datenschutzrechtlichen Bestimmungen gegenüber den Aufsichtsbehörden dokumentieren, sondern auch gegenüber denjenigen, deren Daten verarbeitet werden, die korrekte Umsetzung und Kontrolle sämtlicher anderen vorgegebenen Sorgfaltspflichten der datenverarbeitenden Stelle dokumentieren.

Für den Datenschutzbeauftragten stellt das Verarbeitungsverzeichnis ein essentielles Hilfsmittel bei der Ausführung seiner Aufgaben dar.

2.7. Beschaffenheit des Verarbeitungsverzeichnisses

Vorab ist zu klären, in welcher Weise das Verarbeitungsverzeichnis angelegt werden soll. Dies liegt im Verantwortungsbereich der Datenschutzverantwortlichen und dient als Rahmen für alle folgenden Schritte. Die Definition des Verzeichnisses hat sich dabei an der Struktur und Komplexität des Betriebes zu orientieren. Weiters hat sich der Regelungsumfang des Verarbeitungsverzeichnis an der Arbeitsweise und den klar definierten Anforderungen des Datenschutzbeauftragten zu orientieren.

Der Aufbau des Verarbeitungsverzeichnisses muss den gesetzlichen Anforderungen der DSGVO entsprechen. Um unerwünschte Doppeldokumentationen zu vermeiden, kann im Verarbeitungsverzeichnis auf bereits vorhandene Dokumente, wie zum Beispiel auf das generelle Sicherheitskonzept oder auf die übergreifenden TOMs (technische und organisatorische Maßnahmen) verwiesen werden.

Es ist auf jeden Fall unerlässlich, dass die bezughabenden Dokumente der Aufsichtsbehörde im Anlassfall übermittelt werden müssen.

2.8. Pflichtangaben im Verarbeitungsverzeichnis

Folgende Angaben sind gemäß Artikel 30 Absatz 1 a bis g der Datenschutz-grundverordnung anzuführen.

2.8.1. Artikel 30 Absatz 1a)

Inhalt: Name und Kontaktdaten der für die Führung des Verzeichnisses zuständigen Stelle im Unternehmen und – sofern vorhanden - eines entsprechenden Stellvertreters sowie des designierten Datenschutzbeauftragten.

Praktische Umsetzung: Diese Informationen sollen die Transparenz und die eindeutige Identifikation der Verantwortlichen gewährleisten.

2.8.2. Artikel 30, Absatz 1b)

Inhalt: Zweck der Verarbeitung

Praktische Umsetzung: Grundlage hierfür ist die klare Definition des Zweckes der Datenverarbeitung, da sich daraus die rechtlichen Rahmenbedingungen für die weitere Datenverwendung ableiten. Für die praktische Umsetzung ist es erforderlich, hierbei die konkreten Aufgaben und Ziele der einzelnen Handlungsschritte - abgestimmt auf den Verarbeitungszweck (zum Beispiel Mietermanagement) - zu bestimmen.

2.8.3. Artikel 30 Absatz 1c)

Inhalt: Beschreibung des betroffenen Personenkreises und der personenbezogener Daten

Praktische Umsetzung: Es werden die im jeweiligen Verfahren zu verarbeitenden Daten sowie die betroffenen Personen (Mieter oder Eigentümer) beschrieben.
Es sind dabei die Daten der Betroffenen näher zu kategorisieren (zum Beispiel in Stammdaten (Kontaktdaten), Nutzungsdaten, etc.).

2.8.4. Artikel 30 Absatz 1d)

Inhalt: Empfängerkreis, welchem die personenbezogenen Daten bekannt gegeben wurden oder noch offengelegt werden sowie Empfänger aus Drittländern und internationalen Organisationen.

Praktische Umsetzung: In der Regel sollten die Bezeichnung jener Personen, Behörden und anderer Stellen erfolgen, an die Daten übermittelt werden – ohne zu berücksichtigen, ob es sich um eine reine Übertragung handelt oder direkt auf personenbezogene Daten zugegriffen wird. Dies können unternehmensinterne und externe Stellen, oder externe Dienstleister (innerhalb einer Auftragsverarbeitung) sein.

2.8.5. Artikel 30 Absatz 1e)

Inhalt: Übermittlung von personenbezogenen Daten an ein Drittland oder an eine internationale Organisation, unter Angabe des jeweiligen Drittlandes beziehungsweise internationale Organisation. Die Dokumentierung geeigneter Garantien bei Datenübermittlungen (Artikel 49 Absatz 1 Unterabsatz 2).

Praktische Umsetzung: Bei einem Datentransfer nach Artikel 49 Absatz 1 Untersatz 2 handelt es sich um Übermittlungen, welche gesetzlich gestattet sind, auch wenn kein Angemessenheitsbeschluss nach Artikel 45 Absatz 3 oder geeignete Garantien nach Artikel 46 vorliegen.

2.8.6. Artikel 30 Absatz 1f)

Inhalt: Vorgesehene Fristen für die Löschung der unterschiedlichen Datenkategorien

Praktische Umsetzung: Regelmäßig richten sich die Fristen für die Löschung nach dem eigentlichen Grund der Datenerhebung und der Datennutzung. Der Löschvorgang hat unmittelbar nach Erfüllung des Verarbeitungszweckes zu erfolgen. Ausnahmefälle stellen hier spezielle gesetzliche Aufbewahrungspflichten steuerrechtlicher oder branchenspezifischer Natur dar. Die Löschungsregelung sowie der jeweils mögliche Konkretisierungsgrad müssen angegeben werden.

2.8.7. Artikel 30 Absatz 1g)

Inhalt: Allgemeine Beschreibung der technischen und organisatorischen Maßnahmen – TOMs (Artikel 32 Absatz 1)

Praktische Umsetzung: Der Verweis auf das allgemeine Sicherheitskonzept und die übergreifenden TOMs ist ausreichend, sodass nur bei Abweichungen der verwendete Prozess angeführt werden muss. Im Anlassfall ist bei Verweis auf ein Dokument dieses der Behörde vorzulegen.

2.9. Interne Zusatzangaben im Verarbeitungsverzeichnis

Es muss im jeweiligen Anlassfall geklärt werden, ob die Ergänzung von zusätzlichen Informationen, die anhand der vorgegebenen Prozesse dokumentiert werden können, sinnvoll ist. Empfehlenswert ist dies bei Informationen, die das Unternehmen erhebt, um im Zweifelsfall die Rechtmäßigkeit der jeweiligen Datenverarbeitung belegen zu können. Diese Verpflichtung schlussfolgert sich aus Artikel 5 Absatz 2 und Artikel 24 der DSGVO. Das Verarbeitungsverzeichnis ist eine maßgebliche und sinnvolle Aufarbeitung zur Umsetzung einer detaillierten, durch die Bestimmungen der DSGVO vorgegebenen Dokumentation und ist folglich ausreichend, um den Nachweispflichten gemäß Artikel 5 Absatz 2 DSGVO zu erfüllen.

2.9.1. Artikel 5 Absatz 1a), Artikel 6

Inhalt:

- Rechtmäßigkeit
- Rechtsgrundlage
- Berücksichtigung besonderer Kategorien
- Kompatibilität bei Zweckänderungen
- Einhaltung der Anforderungen an die Einwilligung
- Berücksichtigung von Widersprüchen
- Automatisierte Einzelfallentscheidung

Praktische Umsetzung: Es muss - neben der vorgeschriebenen Dokumentierung des Verarbeitungsgrundes - ebenso die Rechtsgrundlage gemäß Artikel 5 zur Sicherstellung der Rechenschaftspflichten inklusive der notwendigen Überlegungen, Einwilligungsklauseln und Prüfvermerke beachtet werden (beispielsweise, ob die Möglichkeit eines Widerspruchs besteht).

2.9.2. Artikel 5 Absatz 1c), Artikel 25

Inhalt: Datenminimierung, Datenschutz durch Technikgestaltung und datenschutzfreundliche Voreinstellungen

Praktische Umsetzung: Dies kann durch einen Vermerk des Datenschutzbeauftragten, ob diese Grundsätze seiner Einschätzung nach ausreichend beachtet wurden, dokumentiert werden.

2.9.3. Artikel 5 Absatz 1d), Artikel 5 Absatz 1e)

Inhalt: Richtigkeit der Daten, Speicherbegrenzung, Löschung oder Einschränkung der Verarbeitung

Praktische Umsetzung: Dokumentation durch Bezugnahme auf Maßnahmen oder Prozesse, wie dies im Unternehmen sichergestellt werden kann.

2.9.4. Artikel 12-14

Inhalt: Informations- und Benachrichtigungspflichten

- Ist die Information vollständig?
- Werden die definierten Fristen eingehalten?
- Sind alle Formvorgaben erfüllt?

Praktische Umsetzung: Für jedes Verfahren ist zu definieren, in welcher Art und Weise und an welcher Stelle den Informationspflichten jeweils entsprochen wird. Zu diesem Zweck kann auf die geltenden Datenschutzbestimmungen oder Vertragsbestandteile verwiesen werden.

2.9.5. Artikel 20

Inhalt: Recht auf Datenübertragbarkeit

Praktische Umsetzung: Es ist zu erfassen, ob hier grundsätzlich ein entsprechender Anspruch desjenigen besteht, dessen Daten erhoben werden. In weiterer Folge sind die – ebenfalls zu begründenden - Datenkategorien anzuführen. Es sollten sowohl die Umsetzung als auch die erforderlichen Maßnahmen dokumentiert werden.

2.9.6. Artikel 32

Inhalt: Sicherheit der personenbezogenen Daten durch technische und organisatorische Maßnahmen (TOMs)

- Ergebnis der Risikobewertung
- Zeitpunkt der letzten Überprüfung der Risikoeinschätzung
- Möglichkeiten der Pseudo- und Anonymisierung

Praktische Umsetzung: Ergänzend zu den allgemeinen Vorgaben durch die TOMs in den Pflichtangaben kann für unternehmensinterne Zwecke eine detaillierte Dokumentation nützlich sein.

2.9.7. Artikel 35

Inhalt: Datenschutz-Folgenabschätzung

- Erforderlichkeit
- Ergebnis

Praktische Umsetzung: Auch das Ergebnis der Prüfung, inwieweit eine Datenschutz-Folgenabschätzung erforderlich ist (samt entsprechender Begründung), sollte dokumentiert werden. Sollte eine Datenschutzfolgenabschätzung notwendig sein, sollte diese umfangreich dokumentiert werden.

2.9.8. Auswahl der internen Zusatzangaben

Der Datenschutzbeauftragte kann - je nach Form der Organisation und Gestaltung der IT-Strukturen - vorschlagen, welche zusätzlichen Angaben in Ergänzung zu den rechtlich definierten Mindestangaben im zu erstellenden Verarbeitungsverzeichnis zu Dokumentationszwecken sonst noch erforderlich sind.

Das Verarbeitungsverzeichnis, sowie die von den jeweiligen Fachabteilungen gewünschten zusätzlichen Informationen, sind für den Datenschutzbeauftragten die wichtigsten Werkzeuge zur Umsetzung seiner Verpflichtungen.

Es ist dabei ratsam, eine Übersicht derjenigen Personen und Gruppen in das erweiterte Verarbeitungsverzeichnis zu integrieren, die Zugriff zu den Daten haben.

In der Praxis ist es sicher sinnvoll, nachstehende Beispiele für mögliche weitere, nicht gesetzlich geforderte Zusatzangaben in das Verzeichnis einfließen zu lassen. Es sei noch angemerkt, dass die angeführten, gesetzlich nicht vorgeschriebenen Ergänzungen zum Verarbeitungsverzeichnis keine taxative Aufzählung darstellen:

- verwendete Hard- und Software
- beauftragte Dienstleister im Sinne der Auftragsverarbeitung
- Darstellung der Schnittstellen im Unternehmen
- Vorhandene Sicherheitskonzepte
- Verantwortliche in den jeweiligen Fachabteilungen im Unternehmen

2.10. Aktualität des Verarbeitungsverzeichnisses

Das Verarbeitungsverzeichnis bedarf einer ständigen Aktualisierung durch die jeweiligen Fachabteilungen. Hierbei ist die Bedeutung der engen Zusammenarbeit der Fachabteilungen mit dem Datenschutzbeauftragten hervorzuheben, da dieser auf Hinweise zur Umgestaltung der Struktur des Verzeichnisses angewiesen ist und bei Neuerungen in den rechtlichen Rahmenbedingungen Angleichungen ausarbeiten muss.

Erfolgversprechend ist dies nur, wenn der Datenschutzbeauftragte in alle relevanten Prozesse des Unternehmens eingebunden ist. In diesem Zusammenhang scheint es ratsam, als flankierende Maßnahme eine interne Revision einzusetzen, die im Rahmen von Routinekontrollen ebenfalls die Aktualität der Verfahrensmeldungen überprüft. Sollte es keine Handlungsvorgaben zur kontinuierlichen Aktualisierung des Verzeichnisses im Unternehmen geben, so wäre eine Aktualisierung der Daten in regulären Abständen zu befürworten.

Eine weitere Option wäre es, die bestehenden Verfahrensverzeichnisse zur Aktualitätsprüfung an die jeweiligen Fachbereichsverantwortlichen zurückzugeben. In einem derartigen Prüfzyklus haben die Fachbereichsverantwortlichen dann neben der Prüfung, ob die Daten der bereits bestehenden Verarbeitungsverzeichnisse noch aktuell sind, auch deren Vollständigkeit zu kontrollieren. Die Dokumentation des entsprechenden Prüfungsergebnisses hat in enger Zusammenarbeit mit dem Datenschutzbeauftragten zu erfolgen.

Es ist daher unumgänglich, die einzelnen Fachverantwortlichen entsprechend zu sensibilisieren, damit neue Verfahren rechtzeitig mit dem Datenschutzbeauftragten koordiniert werden können. Schlussendlich ist es dem Datenschutzbeauftragten nur möglich, die gesetzlich vorgeschriebene Datenschutz-Folgenabschätzung zu bestätigen und bei deren Umsetzung zu beraten, wenn ihm diese Verfahren rechtzeitig vor ihrer Durchführung angezeigt werden.

2.11. Ausnahmen vom Anwendungsbereich

Einige Bereiche der Datenverarbeitung sind vom Anwendungsbereich der DSGVO ausgeschlossen. Dabei handelt es sich um Verarbeitungen im Rahmen einer Tätigkeit, die nicht in den Geltungsbereich des Unionrechts fällt Damit sind etwa die nationale Sicherheit betreffende Tätigkeiten gemeint. Ausgeschlossen sind auch Datenverarbeitungen, die durch die EU-Mitgliedsstaaten im Rahmen von Tätigkeiten, die in den Anwendungsbereich der Titel V Kapitel 2 des Vertrags über die Europäische Union fallen, vorgenommen werden.

Dabei handelt es sich um Tätigkeiten im Zusammenhang mit Bestimmungen über die gemeinsame Außen- und Sicherheitspolitik der EU-Mitgliedsstaaten. Insbesondere nicht vom Anwendungsbereich erfasst sind Verarbeitungen, die durch natürliche Personen zur Ausübung ausschließlich persönlicher oder familiärer Tätigkeiten vorgenommen werden.

Damit sind Datenverarbeitungen ausgeschlossen, die ohne Bezug zu einer beruflichen oder wirtschaftlichen Tätigkeit vorgenommen werden. Als persönliche und familiäre Tätigkeiten wird auch das Führen eines Schriftverkehrs oder von Anschriftenverzeichnissen oder die Nutzung sozialer Netzwerke und Online-Tätigkeiten angesehen. Dagegen findet die DSGVO für die Verantwortlichen der Datenverarbeitung oder Auftragsverarbeiter, welche die Instrumente für die Verarbeitung personenbezogener Daten für solche persönlichen oder familiären Tätigkeiten bereitstellen, Anwendung.

Schließlich ist die DSGVO nicht auf Verarbeitungen anwendbar, die durch die zuständigen Behörden zum Zwecke der Verhütung, Untersuchung, Aufdeckung oder Verfolgung von Straftaten oder der Strafvollstreckung, einschließlich dem Schutz vor und die Abwehr von Gefahren für die öffentliche Sicherheit, vorgenommen werden.[36]

---

[36] Jörg Hadlik, sachlicher und räumlicher Anwendungsbereich der DSGVO, in Knyrim (Hrsg), Datenschutz-Grundverordnung (2016) Seite 40

3. Personenkreise

Im Rahmen der DSGVO ist es essentiell, die unterschiedlichen Personenkreise genau zu definieren – vor allem im Hinblick auf eventuelle Überschneidungen im Immobilienbereich.

3.1. Verantwortlicher

Ein Verantwortlicher (bisherige Bezeichnung im österreichischen Recht: „Auftraggeber") ist jene - typischerweise juristische - Person, die über die Zwecke und Mittel der Verarbeitung personenbezogener Daten entscheidet. Der Verantwortliche ist der Hauptfokuspunkt der datenschutzrechtlichen Regulierung. Alle Arbeitnehmer eines Verantwortlichen werden unmittelbar diesem zugerechnet.[37]

Ein Beispiel für einen Verantwortlichen ist ein Hauseigentümer oder eine Wohnungseigentümergemeinschaft, welche eine Immobilienverwaltung mit der Betreuung Ihrer Immobilie beauftragt. Die Immobilienverwaltung ist aber im weiteren Sinn ebenso Verantwortlicher, da es sich hier bei einem Unternehmen, welches Arbeitnehmer beschäftigt, immer um einen derartigen handelt.

Ebenso sind Bauträger der Sphäre des Verantwortlichen zuzurechnen. Ein Maklerunternehmen ist ebenfalls Verantwortlicher – zum Beispiel für jene Daten natürlicher Personen, welche er im Rahmen seiner Vertriebstätigkeit bzw. vertraglich definierten Tätigkeit erhält.

3.2. Auftragsverarbeiter

Ein Auftragsverarbeiter (bislang „Dienstleister") ist jemand, der personenbezogene Daten im Auftrag und auf Weisung eines Verantwortlichen verarbeitet. Der Auftragsverarbeiter entscheidet nicht über Mittel und Zwecke der Datenverarbeitung.[38]

---

[37] Lukas Feiler und Bernhard Horn, Datenschutzwörterbuch, in Verlag Österreich, Umsetzung der DSGVO in der Praxis (2018) Seite197

[38] a.a.O. Seite183

Auftragsverarbeiter – am Beispiel der Immobilienwirtschaft - sind alle Dienstleister, die in Zusammenhang mit der Verwaltung, der Vermarktung sowie allen anderen in diesem Zusammenhang notwendigen Tätigkeiten stehen. Als Beispiel kann man Immobilienverwaltungen, Immobilienmakler sowie auch Steuerberater oder Notare nennen.

Bei Maklerunternehmen ist festzuhalten, dass diese neben Ihrer Rolle als Verantwortliche eben auch Auftragsverarbeiter sind – zum Beispiel, wenn im Zuge der Vermarktung einer Wohnung vom Auftraggeber die Kontaktdaten der derzeitigen Mieter zur Vereinbarung von Besichtigungsterminen weitergegeben werden oder vom Auftraggeber Daten von Interessenten, welche zum Beispiel direkt mit dem Eigentümer einer Immobilie in Kontakt getreten sind, weitergegeben werden.

In jedem Fall ist es sinnvoll, bei Geschäftsbeziehungen, bei welchen Daten natürlicher Personen eine Rolle spielen, eine entsprechende Auftragsverarbeitervereinbarung zu unterfertigen.

3.2.1. Auftragsverarbeitervereinbarung

Eine Auftragsverarbeitervereinbarung ist eine zwischen einem Verantwortlichen und einem Auftragsverarbeiter abzuschließende Vereinbarung. Die Vereinbarung muss geschlossen werden, bevor der Auftragsverarbeiter mit der Verarbeitung beginnt und Zugang zu personenbezogenen Daten erhält. [39]

Anhand des folgenden Beispiels ist deutlich zu erkennen, welche Inhalte eine entsprechende Vereinbarung enthalten muss.

---

[39] Lukas Feiler und Bernhard Horn, Datenschutzwörterbuch, in Verlag Österreich, Umsetzung der DSGVO in der Praxis (2018) Seite183

3.2.2. Beispiel Auftragsverarbeitervereinbarung

Die Mustervorlage der Wirtschaftskammer Österreich (im Folgenden kurz "WKO"), Anhang Nr. 3, enthält die grundlegenden Eckpunkte, die eine Auftragsverarbeitervereinbarung nach Art 28 DSGVO enthalten muss.

Beispielhaft wird anhand einer Auftragsverarbeitervereinbarung zwischen einer Privatstiftung und einer Immobilienverwaltung demonstriert, welche weiterführenden Punkte diese Vereinbarung umfasst (Anhang Nr. 4).

In dieser von der WKO publizierten Mustervorlage fehlt jedoch gänzlich eine genaue Beschreibung der Rahmenbedingungen und Garantien, die die rechtliche Situation zwischen den Vertragsparteien determinieren würde.

Weiters fällt auf, dass hier Punkt 2 der Auftragsverarbeitervereinbarung der Privatstiftung (Gegenstand der Vereinbarung nach Art 28 Abs 3 und Art und Zweck der Verarbeitung) in den Mittelpunkt gestellt wird. In diesem Punkt werden alle möglichen Verarbeitungsarten aufgelistet und bleibt somit kein Spielraum für Interpretationen. Auch wird unter Punkt 2 der genannten Vereinbarung im Detail angeführt, welche Datenkategorien verarbeitet werden und welche Personengruppen den Regelungen dieser Verarbeitung unterliegen. Diese Ausführungen wiederholen sich in Punkt 4, wo es um die Pflichten des Auftragsverarbeiters geht.

Ergänzend wird seitens der WKO unter Punkt 5 die Thematik der Beauftragung von Sub-Auftragsverarbeitern ausgeführt. Diese wird in der Vereinbarung für Privatstiftungen unter Punkt 6 angeführt, jedoch findet eine Hinzuziehung von Sub-Auftragsverarbeitern bei Immobilienverwaltungen in der Praxis kaum statt. Die Haftungsthematik wird in der Mustervorlage der WKO nicht behandelt, jedoch in der Vereinbarung für Privatstiftungen sinnvollerweise erläutert.

Die organisatorischen und umsetzungsrelevanten Maßnahmen sind sowohl in der Mustervorlage, wie auch in der bestehenden Vereinbarung als Anlage vorhanden und beinhalten die Themenkreise Zutrittskontrolle, Zugangskontrolle, Zugriffskontrolle, Pseudonymisierung sowie das Klassifikationsschema für Daten.

Ergänzend werden die Punkte Datenintegrität, die Verfügbarkeit und Belastbarkeit des vorhandenen Systems sowie die jeweiligen Verfahren zur regelmäßigen Kontrolle, Bewertung und Evaluierung dargestellt.

Einen weiteren wichtigen Punkt stellt die Auftragskontrolle dar; handelt doch der Auftragsverarbeiter immer in Abstimmung mit dem Verantwortlichen.

Die Vorlage der WKO kann als grober Leitfaden zur Erstellung einer Auftragsverarbeitervereinbarung herangezogen werden. Bei der Verwendung dieses Musters ist jedoch besonders darauf zu achten, dass der Gegenstand der Vereinbarung nach Art 28 Abs 3 hinsichtlich Art und Zweck der Verarbeitung sowie betreffend der Pflichten des Auftragsverarbeiters klar definiert wird. Auch Haftungsregelungen fehlen in der Mustervorlage der WKO und müssen im konkreten Anwendungsfall ergänzt werden.

3.3. Betroffener

Eine betroffene Person ist jene Person, auf die sich die personenbezogenen Daten beziehen. Nach der DSGVO können nur natürliche Personen betroffene Personen sein. [40]

Auch juristische Personen haben ein Recht auf Auskunft, Richtigstellung und Löschung von Daten, die sich auf sie beziehen. Die DSGVO und ihre Bußgeldbestimmungen finden auf die Daten juristischer Personen jedoch keine Anwendung. [41]

Der Kreis der Betroffenen im Bereich der Immobilien ist breit gefächert und beginnt bei einem Interessenten, welcher sich online für eine Wohnung interessiert, sowie Interessenten und Kunden von Bauträgen und auch bei Kunden von Immobilienverwaltungen, wobei hier der Wohnungseigentümer als Bestandteil der Wohnungseigentümergemeinschaft eine Doppelrolle einnimmt.

---

[40] Lukas Feiler und Bernhard Horn, Datenschutzwörterbuch, in Verlag Österreich, Umsetzung der DSGVO in der Praxis (2018) Seite184

[41] a.a.O. Seite 94

3.4. Darstellung der Personenkreise

Aus der folgenden Darstellung sind – vereinfacht – die Konstellationen und der Zusammenhang hinsichtlich der unterschiedlichen Personenkreise im Sinne der DSGVO zu ersehen:

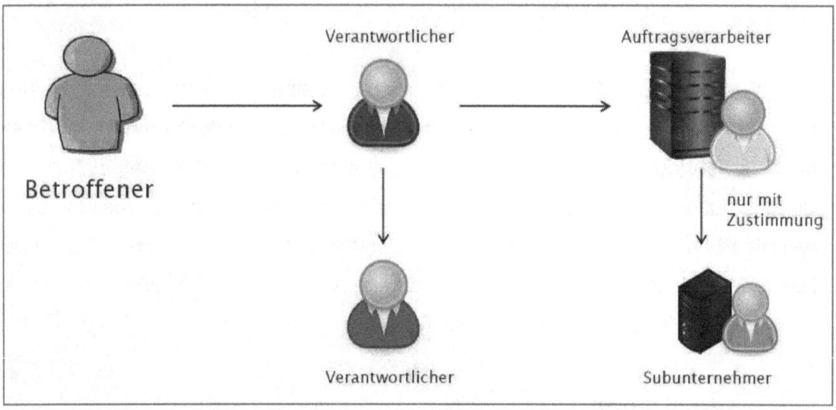

Abb. 2: Darstellung der Personenkreise, Quelle: Brand Rechtsanwälte, Präsentation DSGVO für Immobilienmakler & Immobilienverwalter, 15.03.2018

Anhand dieser Darstellung ist ersichtlich, dass der Verantwortliche - trotz Beauftragung einen Auftragsverarbeiters mittels einer Auftragsverarbeiter-vereinbarung - schlussendlich für den Betroffenen die Anlaufstelle in Bezug auf die Einhaltung der gesetzlichen Bestimmungen gemäß DSGVO ist.

Die Verzeichnisverpflichtung bezieht sich beim Auftragsverarbeiter auf diejenigen Datenverarbeitungen, die er für seine Kunden, also den Verantwortlichen, durchführt.

Einen Auftragsverarbeiter trifft die Verzeichnispflicht doppelt; einmal als Verantwortlicher für die eigenen Daten, das andere Mal als Auftragsverarbeiter für diejenigen Datenverarbeitungen, die er für seine Kunden in deren Auftrag durchführt.

3.5. Beispiel Wohnungseigentümergemeinschaft

Einerseits ist die Wohnungseigentümergemeinschaft als juristische Person der Auftraggeber einer Immobilienverwaltung und somit Verantwortlicher – aber es nimmt der einzelne Wohnungseigentümer als natürliche Person die Rolle des Betroffenen ein. Hier muss gerade im alltäglichen Verwaltungsgeschäft entsprechendes Augenmerk auf diese (Doppel-)Rolle gelegt werden.

Am Beispiel eines Eigentümerversammlungsprotokolls, bei welchen die Anwesenheit der einzelnen Wohnungseigentümer mittels Unterschrift protokolliert wird und diese Daten dann entsprechend im Protokoll verarbeitet und an alle Wohnungseigentümer übermittelt werden, kann diese Thematik wie folgt dargestellt werden:

Gemäß § 25 Abs. 3 WEG hat der Verwalter über die Teilnehmer an und über das Geschehen bei der Eigentümerversammlung eine Niederschrift aufzunehmen und diese jedem Wohnungseigentümer zur Kenntnis zu bringen. Darin ist eine rechtliche Verpflichtung im Sinne des Artikel 6 Abs. 1 lit c DSGVO zu erblicken, die nach meinem Dafürhalten die Verarbeitung der angesprochenen Daten, wie insbesondere der Namen der Wohnungseigentümer samt Unterschrift, zum Nachweis der Anwesenheit erforderlich macht. Im Übrigen ist die Aufnahme der Namen und der Unterschriften in das Versammlungsprotokoll auch durch die Möglichkeit der Wohnungseigentümer zur Überprüfung der Beschlussfähigkeit bzw. der Beschlussfassung der Eigentümerversammlung erforderlich.

Zusammenfassend ist daher festzuhalten, dass die Aufnahme der Namen und Unterschriften der Eigentümer zwecks Überprüfung der Beschlussfähigkeit der Eigentümergemeinschaft und der Anwesenheit der Wohnungseigentümer daher rechtmäßig im Sinne des Artikels 6 DSGVO erfolgt.

4. Erfüllung der Informationspflichten

Der Verantwortliche hat den Betroffenen über den Zweck und die verwendeten Mittel der Datenverarbeitung für die konkrete Verarbeitungstätigkeit zu informieren.

Dies gilt einerseits für Personen, von denen er direkt Daten (über die eigene Person) erhält, andererseits für jenen Personenkreis, der keinen direkten Kontakt mit der datenerhebenden Stelle oder Institution hat. Die Informationsweitergabe kann schriftlich oder in anderer Form (zum Beispiel elektronisch oder auf Wunsch auch mündlich) erfolgen.

Die Verständigung der betroffenen Personen kann auf unterschiedliche Weise erfolgen:

- Hinweis in der Korrespondenz, Email-Signatur, Briefpapier, etc.
- Verlinkung auf der Unternehmenshomepage
- Hinweis im Vertrag (zum Beispiel Mietvertrag)
- Übermittlung / Aushändigung im Zuge anderer Informationspflichten (zum Beispiel mit Übersendung des Maklervertrages, Aufklärung über Nebenkosten, Widerrufsformular, etc.)
- Übermittlung / Aushändigung bei Vertragsabschluss (zum Beispiel als Sideletter zum Mietvertrag.)
- Information der Mieter / Eigentümer bei Verwaltungsübernahme sowie von Bestandsmietern (zum Beispiel Information mit nächster Vorschreibung)

Der Österreichische Verband der Immobilienwirtschaft (kurz ÖVI) hat entsprechende Datenschutzinformationen erstellt, welche auf die unterschiedlichen Anforderungen der Immobilientreuhänder zugeschnitten sind.

4.1. Datenschutzinformation für Mieter

DATENSCHUTZINFORMATION FÜR MIETER

(Das nachfolgende Muster erhebt keinen Anspruch auf Vollständigkeit und Richtigkeit und ist als Formulierungshilfe zu verstehen, die eine Anregung bietet, wie ein möglicher Inhalt einer „Datenschutzinformation" aussehen könnte. Vor einer Nutzung und einfacher Übernahme des Textes muss der Verwender eigenverantwortlich und selbständig prüfen, ob der vorgeschlagene Text mit dem jeweiligen Sachverhalt übereinstimmt bzw. hat diesen erforderlichenfalls anzupassen und zu ergänzen.)

Der Schutz von personenbezogenen Daten ist uns wichtig und auch gesetzlich gefordert. Die nachstehende Übersicht soll Sie über die wichtigsten Aspekte der Verarbeitung personenbezogener Daten informieren.

Verantwortlicher:	(Firmenwortlaut/ Name, Adresse und Telefonnummer) Wir sind vom Eigentümer der Liegenschaft mit der Immobilienverwaltung beauftragt und verarbeiten im Rahmen der Verwaltung der Liegenschaft personenbezogene Daten nach den datenschutzrechtlichen Bestimmungen.
Datenschutz-beauftragter:	Es ist kein Datenschutzbeauftragter bestellt, da keine gesetzliche Notwendigkeit besteht.
Zu welchem Zweck verarbeiten wir Ihre Daten:	Zur Abwicklung des geschlossenen Vertragsverhältnisses (Mietvertrag) im Rahmen der Verwaltung des Objekts (für Dritte) einschließlich automationsunterstützt für diese Zwecke erstellter und archivierter Textdokumente wie insbesondere die Vorschreibung und Abrechnung der Mietzinse.
Rechtsgrundlage:	Vertragsverhältnis, gesetzliche Verpflichtung, berechtigtes Interesse (Verwaltung des Objektes für den Eigentümer)
Welche Datenkategorien verarbeiten wir:	Kontaktdaten (Name, Adresse, Tel., email, etc.) sowie Daten, die zur Identifizierung und zur Abwicklung des Vertragsverhältnisses erforderlich sind (Konto- und Zahlungsdaten, Vertrags- und Objektdaten, Korrespondenz)
Wie lange speichern wir Ihre Daten:	Die Daten werden auf Dauer des Mietverhältnisses und nach Beendigung dessen zumindest solange aufbewahrt, als gesetzliche Aufbewahrungsfristen bestehen oder Verjährungsfristen potentieller Rechtsansprüche noch nicht abgelaufen sind.
An wen geben wir Ihre Daten weiter: (mögliche Empfänger-kategorien)	Wir speichern und verarbeiten die uns übermittelten bzw. bekanntgegebenen personenbezogenen Daten nur soweit es mit der Abwicklung des Vertrages (Mietvertrag, Verwaltungsvertrag) im Rahmen der Liegenschaftsverwaltung im Zusammenhang steht. **Eine Weitergabe erfolgt nur im minimal erforderlichen Umfang soweit es für die Vertragsabwicklung notwendig ist, auf einer gesetzlichen Grundlage beruht oder ein berechtigtes Interesse an der Geschäftsabwicklung beteiligter (Dritter) besteht.** Mögliche Empfänger können sein: (potentieller)Vertragspartner (Vermieter), zuständige Fachabteilungen der Hausverwaltung oder Gesellschaften der Unternehmensgruppe, private und öffentliche Stellen, die Informationen im Zusammenhang mit dem Vertragsobjekt bekanntgeben können oder benötigen (z.B Rauchfangkehrer), Finanzierungsunternehmen, Versicherungen; Finanzamt und sonstige Behörden, Steuerberater und Rechtsvertreter (bei der Durchsetzung von Rechten oder Abwehr von Ansprüchen oder im Rahmen von Behördenverfahren). Unternehmen, die im Rahmen der Betreuung unserer unternehmensinternen IT-Infrastruktur (Software, Hardware) beauftragt sind; beauftragte Professionisten/Dienstleister (z.B. Kontaktaufnahme zur Schadensbehebung); Makler, Interessenten, Käufer, Investoren (berechtigtes Interesse bei Verkauf der Liegenschaft) Eigentümer/Hausverwaltung im Rahmen der Kündigung/Übergabe von Verwaltungsagenden **Keinesfalls werden Ihre Daten zu Werbezwecken o.ä. weitergegeben. Unsere Mitarbeiter und unsere Dienstleistungsunternehmen sind zur Verschwiegenheit und zur Einhaltung der Datenschutzbestimmungen verpflichtet.**
Quelle der Daten:	Vom Eigentümer/Vermieter bzw. der Vorverwaltung, Makler oder selbst im Zusammenhang mit der Geschäftsbeziehung erhoben

Eine Übermittlung an Empfänger in einem Drittland (außerhalb der EU) oder an eine internationale Organisation O ist/ O ist nicht vorgesehen. Es besteht keine automatisierte Entscheidungsfindung (Profiling)

Die Angabe der Daten ist erforderlich, damit das Vertragsverhältnis ordnungsgemäß durchgeführt werden kann.

Als betroffener Person steht Ihnen grundsätzlich das Recht auf Auskunft, Berichtigung, Löschung, Einschränkung, Widerspruch und Datenübertragbarkeit im Rahmen der gesetzlichen Bestimmungen zu. Zur Ausübung Ihrer Rechte wenden Sie sich bitte an:

(Unternehmen und die Kontaktdaten ergänzen (Telefon, E-Mail))

Wenn Sie glauben, dass die Verarbeitung Ihrer Daten gegen das Datenschutzrecht verstößt oder Ihre datenschutzrechtlichen Ansprüche sonst in irgendeiner Weise verletzt worden sind, steht es Ihnen frei, bei der Datenschutzbehörde Beschwerde zu erheben.

Abb. 3: Datenschutzinformation für Mieter, Quelle: Österreichischer Verband der Immobilientreuhänder, DS-Info für Maklerkunden ÖVI Muster 04.2018

4.2. Datenschutzinformation für Interessenten und Kunden | Makler

DATENSCHUTZINFORMATION FÜR INTERESSENTEN UND KUNDEN (IMMOBILIENVERMITTLUNG)

Das nachfolgende Muster erhebt keinen Anspruch auf Vollständigkeit und Richtigkeit und ist als Formulierungshilfe zu verstehen, die eine Anregung bietet, wie ein möglicher Inhalt einer „Datenschutzinformation" aussehen könnte. Vor einer Nutzung und einfacher Übernahme des Textes muss der Verwender eigenverantwortlich und selbständig prüfen, ob der vorgeschlagene Text mit dem jeweiligen Sachverhalt übereinstimmt bzw. hat diesen erforderlichenfalls anzupassen und zu ergänzen.

Der Schutz von personenbezogenen Daten ist uns wichtig und auch gesetzlich gefordert. Die Verarbeitung Ihrer personenbezogenen Daten erfolgt nach den datenschutzrechtlichen Bestimmungen. Die nachstehende Übersicht soll Sie über die wichtigsten Aspekte der Verarbeitung personenbezogener Daten informieren.

Verantwortlicher:	(Firmenwortlaut, Adresse und Telefonnummer)
Datenschutz-beauftragter:	Es ist kein Datenschutzbeauftragter bestellt, da keine gesetzliche Notwendigkeit besteht.
Zu welchem Zweck verarbeiten wir Ihre Daten:	Interessenten- und Kundenverwaltung im Rahmen der Immobilienvermittlung (einschließlich automationsunterstützt erstellter und archivierter Textdokumente (wie z. B. Korrespondenz) in diesen Angelegenheiten)
Rechtsgrundlage:	Vertrag, Vertragsanbahnung (Vermittlungsvertrag) sowie gesetzliche Grundlage
Wie lange speichern wir Ihre Daten:	Die Daten werden während der Dauer des Vertragsverhältnisses und nach Beendigung dessen zumindest solange aufbewahrt, als gesetzliche Aufbewahrungsfristen bestehen oder Verjährungsfristen potentieller Rechtsansprüche noch nicht abgelaufen sind.
An wen geben wir Ihre Daten weiter: **(mögliche Empfänger-kategorien)**	Wir speichern und verarbeiten die uns übermittelten bzw. bekanntgegebenen personenbezogenen Daten nur soweit es mit der Abwicklung des Vertrages (Vermittlungsvertrag) im Zusammenhang steht. Eine Weitergabe erfolgt nur im minimal erforderlichen Umfang und soweit es für die Vertragsabwicklung notwendig ist, auf einer gesetzlichen Grundlage beruht oder ein berechtigtes Interesse an der Geschäftsabwicklung beteiligter (Dritter) besteht. Mögliche Empfänger können sein: Abteilungen des Unternehmens, die mit der Geschäftsabwicklung befasst sind (z.B. EDV, sonstige Verwaltungseinheiten) oder Gesellschaften der Unternehmensgruppe (z.B. zur Abwicklung gemeinsamer Projekte); an der Geschäftsabwicklung beteiligte Dritte (an der Geschäftsabwicklung notwendigerweise teilnehmende Personen und potentielle Vertragspartner, weitere Makler, Vermittlungsplattformen, Hausverwaltungen, Finanzierungsunternehmen, private und öffentliche Stellen, die Informationen zu Objekten bekannt geben können oder benötigen, Versicherungen) Dienstleister des Verantwortlichen (z.B. Steuerberater, Lohnverrechnung, Rechtsanwalt) sowie Behörden (Sozialversicherung, Finanzamt, sonstige Behörden), Rechtsvertreter (bei der Durchsetzung von Rechten oder Abwehr von Ansprüchen oder im Rahmen von Behördenverfahren) oder Unternehmen, die im Rahmen der Betreuung der IT-Infrastruktur (Software, Hardware) als Auftragnehmer tätig sind. **Keinesfalls werden Ihre Daten zu Werbezwecken o.ä. weitergegeben. Unsere Mitarbeiter und unsere Dienstleistungsunternehmen sind zur Verschwiegenheit und zur Einhaltung der Datenschutzbestimmungen verpflichtet.**
Datenübertrag-barkeit	Es besteht kein Recht auf Datenübertragbarkeit.

Eine Übermittlung an Empfänger in einem Drittland (außerhalb der EU) oder an eine internationale Organisation ist/ist nicht (*Nichtzutreffendes streichen!*) vorgesehen. Es besteht keine automatisierte Entscheidungsfindung (Profiling).

Die Angabe der Daten ist erforderlich, damit das Vertragsverhältnis ordnungsgemäß durchgeführt werden kann.

Als betroffener Person steht Ihnen grundsätzlich das Recht auf Auskunft, Berichtigung, Löschung, Einschränkung, Widerspruch und Datenübertragbarkeit im Rahmen der gesetzlichen Bestimmungen zu. Zur Ausübung Ihrer Rechte wenden Sie sich bitte an:

[Unternehmen und die Kontaktdaten ergänzen (Telefon, E-Mail)]

Wenn Sie glauben, dass die Verarbeitung Ihrer Daten gegen das Datenschutzrecht verstößt oder Ihre datenschutzrechtlichen Ansprüche sonst in irgendeiner Weise verletzt worden sind, können Sie sich bei der Datenschutzbehörde beschweren.

Abb. 4: Datenschutzinformation für Interessenten und Kunden (Immobilienvermittlung) Quelle: Österreichischer Verband der Immobilientreuhänder, DS-Info für Maklerkunden ÖVI Muster 04.2018

4.3. Fazit Vorlagen ÖVI

Die beiden Vorlagen, die vom Österreichische Verband der Immobilienwirtschaft publiziert und im Zuge dieser Arbeit analysiert werden, enthalten ein brauchbares Gerüst für Unternehmen zur Erstellung einer Datenschutzinformation.

Bei der Erstellung einer konkreten, auf das jeweilige Unternehmen abgestimmte Datenschutzinformation ist jedenfalls die Rechtsgrundlage in aller Deutlichkeit herauszuarbeiten; allgemeine Definitionen genügen hier nicht. Ebenso ist es empfehlenswert, die Speicherdauer der personenbezogenen Daten zu konkretisieren.

Speziell bei der Mustervorlage für Interessenten und Kunden im Bereich der Immobilienvermittlung muss festgehalten werden, dass hier klar zwischen einer aktuellen Kundenbeziehung und einem Mietinteressenten unterschieden werden muss. Dies ist vor allem wichtig, wenn es darum geht, die Speicherdauer zu bestimmen, da eine sofortige Löschung der erhobenen Daten erfolgen muss, sollte es zu keiner Geschäftsbeziehung kommen

Es ist Unternehmen jedenfalls anzuraten, einen Datenschutzkoordinator zu nominieren, der als Kontaktperson bei datenschutzrechtlichen Anfragen fungiert, auch wenn dazu rein rechtlich keine Verpflichtung besteht. Alternativ empfiehlt es sich, zumindest eine eigene Mail-Adresse für derartige Anfragen einzurichten.

5. Datenschutzmanagement

Für die Umsetzung der Bestimmungen der DSGVO in einem Unternehmen, einem ganzen Konzern oder einer Behörde sind umfangreiche Maßnahmen sowohl organisatorischer, technischer als auch rechtlicher Natur, erforderlich. Aufgrund der zahlreichen und detaillierten Anforderungen der DSGVO ist es leicht, den Überblick zu verlieren. Daher ist es sinnvoll, vorab festzustellen, welchen Anforderungen und Zielen das Datenschutzmanagement zu folgen hat, um hier einen genau auf das Unternehmen Maßnahmen treffen zu können.

5.1. Ziele des Datenschutzmanagements

Welche Ziele verfolgt das Unternehmen im Bereich des Datenschutzes? Ohne diese Frage zu beantworten, ist es schwer, die DSGVO in einem Unternehmen zur Zufriedenheit der Geschäftsleitung zu implementieren. Denn schlussendlich wird die Implementierung an diesen – allenfalls unausgesprochen gebliebenen – Zielen gemessen werden. Folgende Fragen sollte ein Unternehmen im Rahmen einer Unternehmensrichtlinie zur Datenschutzstrategie des Unternehmens klären: [42]

- Soll aus personenbezogenen Daten ein wirtschaftlicher Wert gewonnen warden? Die Antwort auf diese Frage wird von der allgemeinen Digitalisierungsstrategie des Unternehmens abhängen und maßgeblich beeinflussen, ob das Unternehmen eine eher defensive oder offensive Datenschutzstrategie wählen sollte. Bei einem defensive Ansatz ist es ausreichend zu prüfen, ob durch einen bestimmten Geschäftsprozess die DSGVO verletzt wird; gegebenenfalls sind entsprechende Compliance-Maßnahmen zu implementieren. Demgegenüber erfordert ein offensiver strategischer Ansatz, vorausschauend zu planen, welche Geschäftsprozesse durch welche Datenverarbeitungen ermöglicht oder gestützt werden könnten und welche Compliance-Maßnahmen die größtmögliche Flexibilität bei der Ausgestaltung dieser Geschäftsprozesse bieten werden. Insbesondere Unternehmen, die auf datenbasierte Geschäftsmodelle setzen, sollen eine offensive Datenschutzstrategie verfolgen. [43] Im Bereich der Immobilienwirtschaft muss an dieser Stelle differenziert werden – einerseits

[42] Lukas Feiler und Bernhard Horn, Schritt 4: Ziele des Datenschutzmanagements in einer Unternehmensrichtline definieren, in Verlag Österreich, Umsetzung der DSGVO in der Praxis (2018) Seite 9
[43] a.a.O. Seite 9

ist es für die Immobilienvermittlung (Immobilienmakler, Bauträger) fast unabdingbar, die von Kunden beziehungsweise Interessenten zur Verfügung gestellten Daten, zum Beispiel Newsletter oder Marktberichte, zu verwenden. Andererseits ist im Bereich der Verwaltung ein defensiverer Ansatz zu verfolgen.

- Wenn es mehrere verbundene Gesellschaften gibt: Gilt die Datenschutzstrategie für den ganzen Konzern oder nur für eine bestimmte Gesellschaft? Soweit die Strategie auch in anderen Ländern als Österreich (insbesondere außerhalb der EU bzw. des EWR) gelten soll, kann es erforderlich sein, auch das jeweilige lokale Datenschutzrecht entsprechend zu berücksichtigen. Darüber hinaus wird auf gesellschaftsübergreifende organisatorische Fragen Rücksicht zu nehmen sein. [44]

- 100% Compliance oder pragmatischer Compliance-Ansatz? Die DSGVO sieht eine Fülle von Compliance-Verpflichtungen vor, deren 100%ige Erfüllung für ein Unternehmen ein sehr kostspieliges Unterfangen sein kann. Wie in anderen Compliance-Bereichen auch, sollte sich das Unternehmen daher fragen, welche Risiken für das Unternehmen mit Datenschutz verbunden sein können. Hierzu zählen neben den rechtlichen Risiken in Form von Geldbußen und Schadenersatzansprüchen der Betroffenen insbesondere auch Image-Risiken sowie – für Unternehmen, die sich in öffentlicher Hand befinden oder in großem Umfang für die öffentliche Hand tätig sind – politische Risiken. Sind diese Risiken überschaubar, so ist in der Praxis ein pragmatischer Compliance-Ansatz zu empfehlen, der das Ziel verfolgt, die DSGVO-Compliance-Risiken kosteneffizient zu minimieren aber nicht notwendigerweise alle zu eliminieren. Denn in manchen Fällen ist das tatsächliche Compliance-Risiko so klein, dass die Kosten der in Betracht kommenden Compliance-Maßnahmen das Risiko um ein Vielfaches übersteigen würden. [45]

---

[44] Lukas Feiler und Bernhard Horn, Schritt 4: Ziele des Datenschutzmanagements in einer Unternehmensrichtline definieren, in Verlag Österreich, Umsetzung der DSGVO in der Praxis (2018) Seite 9
[45] a.a.O. Seite 9

- Wer ist wofür zuständig? In kleineren Unternehmen kann es auch ausreichend sein, alle Fragen der DSGVO-Compliance beim Datenschutzbeauftragten bzw. –manager zu zentralisieren. Gibt es hingegen zum Beispiel Tochtergesellschaften im Ausland, wird es erforderlich sein festzulegen, ob es Ansprechpartner in Datenschutzfragen bei diesen Tochtergesellschaften geben soll und wie diese bestellt werden. Die Datenschutzstrategie sollte jedenfalls nicht die Namen von konkreten Personen nennen, sondern sich vielmehr darauf beschränken, bestimmte Rollen bzw. Positionen zu definieren. Nur so kann vermieden werden, dass die Datenschutzstrategie jedes Mal geändert werden muss, wenn ein mit Datenschutz befasster Mitarbeiter seine Position verlässt. [46]
-

5.2. Grundsätze für die Verarbeitung personenbezogener Daten

Darüber hinaus sollte die Datenschutzstrategie des Unternehmens klar zum Ausdruck bringen, dass sich das Unternehmen an die Grundsätze des Datenschutzrechts hält, wie sie in der DSGVO festgeschrieben sind (vgl. Art 5 DSGVO)[47]:

- Rechtmäßigkeit: Personenbezogene Daten müssen auf rechtmäßige Weise verarbeitet werden, was bedeutet, dass eine Rechtsgrundlage für die Verarbeitung vorhanden sein muss.[48]
- Treu und Glauben: Die Verarbeitung personenbezogener Daten darf nur nach Treu und Glauben erfolgen, was insbesondere bei der Durchführung von Interessensabwägungen zu berücksichtigen ist.[49]
- Transparenz: Betroffene Personen müssen über die Verarbeitung ihrer personenbezogenen Daten informiert werden. [50]

[46] Lukas Feiler und Bernhard Horn, Schritt 4: Ziele des Datenschutzmanagements in einer Unternehmensrichtline definieren, in Verlag Österreich, Umsetzung der DSGVO in der Praxis (2018) Seite 10
[47] a.a.O. Seite 10
[48] a.a.O. Seite 10
[49] a.a.O. Seite 10
[50] a.a.O. Seite 10

- Zweckbindung: Erstens dürfen personenbezogene Daten nur erhoben werden, wenn spätestens zum Zeitpunkt der Erhebung ein eindeutiger und legitimer Zweck festgelegt wurde (Grundsatz der Zweckfestlegung). Dies kann insbesondere durch eine Dokumentation der Verarbeitungszwecke im Verzeichnis der Verarbeitungstätigkeiten erfolgen. Zweitens dürfen die erhobenen Daten – vorbehaltlich der Einwilligung der betroffenen Person – nur zu Zwecken weiterverarbeitet werden, welche mit den ursprünglich festgelegten Zwecken vereinbar sind (Zweckbindung im engeren Sinn). [51]
- Datenminimierung: Art und Umfang der verarbeiteten Daten müssen den Verarbeitungszwecken angemessen sein sowie auf das für die Zwecke notwendige Maß beschränkt sein. Der Grundsatz der Datenminierung ware zum Beispiel verletzt, wenn zum Zweck, das von jedem Mitarbeiter verbrauchte Datenvolumen zu dokumentieren, nicht nur die Größe der heruntergeladenen Daten, sondern auch der Dateiname und die Uhrzeit jedes Downloads protokolliert werden. [52]
- Richtigkeit: Personenbezogene Daten müssen sachlich richtig und, wenn dies für den Verarbeitungszweck erforderlich ist, auf dem neuesten Stand sein. [53]
- Speicherbegrenzung: Personenbezogene Daten dürfen nur so lange gespeichert werden, wie dies für die festgelegten Verarbeitungszwecke erforderlich ist. Nach Ablauf dieser Frist sind die Daten entweder zu löschen oder zu anonymisieren. Mit dem Grundsatz der Speicherbegrenzung ware es zum Beispiel nicht vereinbar, die Dokumentation zu einem Vertragsverhältnis zum Zweck der Abwehr allfälliger Ansprüche des Kunden gespeichert zu halten, wenn alle denkbaren Ansprüche bereits verjährt sind. [54]
- Integrität und Vertraulichkeit: Dieser Grundsatz erfordert, dass angemessene Maßnahmen zum Schutz der Sicherheit von personenbezogenen Daten implementiert werden. [55]

---

[51] Lukas Feiler und Bernhard Horn, Schritt 4: Ziele des Datenschutzmanagements in einer Unternehmensrichtline definieren, in Verlag Österreich, Umsetzung der DSGVO in der Praxis (2018) Seite 10
[52] a.a.O. Seite 11
[53] a.a.O. Seite 11
[54] a.a.O. Seite 11
[55] a.a.O. Seite 11

- Rechenschaftspflicht: Dieser Grundsatz macht es erforderlich, dass ein Unternehmen nicht nur keine Datenschutzverletzungen begeht, sondern (1) aktiv Compliance-Maßnahmen implementiert, welche die Einhaltung der oben genannten Grundsätze sicherstellen (die Datenschutzstrategie ist eine zentrale derartige Maßnahme) und (2) die Einhaltung dieser Grundsätze auch nachweisen kann. Man muss die DSGVO daher nicht nur einhalten, sondern auch nachweisen können, dass man sie einhalten hat. [56]

5.3. Rechtmäßigkeit der Verarbeitungstätigkeiten

Um sicherzugehen, dass eine konkrete Verarbeitungstätigkeit nach DSGVO zulässig ist, müssen – zusätzlich zu den allgemeinen Grundsätzen der Datenverarbeitung – eine Reihe von Voraussetzungen erfüllt werden. [57]

5.3.1. Identifikation der Rechtsgrundlage

Nach der DSGVO gilt, dass für jede Datenverarbeitung eine Rechtsgrundlage erforderlich ist. Mit anderen Worten: Jede Datenverarbeitung ist verboten, außer sie ist erlaubt. In Betracht kommende Rechtsgrundlagen für die Verarbeitung nicht-sensibler Daten sind: [58]

- die schlüssige oder ausdrückliche Einwilligung des Betroffenen – da eine Einwilligung nur wirksam ist, wenn sie „frei" abgegeben wird und außerdem jederzeit widerrufen werden kann, ist sie nicht immer die beste Lösung, um die Rechtmäßigkeit abzusichern; [59]
- die Erforderlichkeit für die Erfüllung eines Vertrages, der mit dem Betroffenen geschlossen wurde, oder für die Durchführung vorvertraglicher Maßnahmen, die auf Anfrage des Betroffenen erfolgen – zum Beispiel die Verarbeitung der Lieferanschrift, um dem Kunden die bestellte Ware zuzusenden und so den mit ihm abgeschlossenen Kaufvertrag zu erfüllen oder die Verarbeitung von Bewerberdaten im Rahmen einer Stellenausschreibung; [60]

---

[56] Lukas Feiler und Bernhard Horn, Schritt 8: Rechtmäßigkeit der Verarbeitungstätigkeiten absichern, in Verlag Österreich, Umsetzung der DSGVO in der Praxis (2018) Seite 11
[57] a.a.O. Seite 14
[58] a.a.O. Seite 15
[59] a.a.O. Seite 15
[60] a.a.O. Seite 15

- die Erforderlichkeit für die Erfüllung einer gesetzlichen Verpflichtung des Verantwortlichen – zum Beispiel die Übermittlung von Gehaltsdaten der Mitarbeiter an den Sozialversicherungsträger in Erfüllung sozialversicherungsrechtlicher Pflichten; [61]
- die Erforderlichkeit zum Schutz lebenswichtiger Interessen des Betroffenen oder eines Dritten – zum Beispiel die Erhebung der Blutgruppe eines Schwerverletzten, der bewusstlos in die Notaufnahme eingeliefert wurde; außerhalb des medizinischen Bereichs hat diese Rechtsgrundlage kaum Bedeutung; [62]
- die Erforderlichkeit für eine Aufgabe, die im öffentlichen Interesse liegt oder in Ausübung öffentlicher Gewalt erfolgt – diese Rechtsgrundlage ist primär für Behörden relevant; [63]
- überwiegende berechtigte Interessen des Verantwortlichen oder eines Dritten. Diese Rechtsgrundlage hat in der Praxis einen sehr breiten Anwendungsbereich, setzt aber voraus, dass die Datenverarbeitung im Detail geprüft und die widerstreitenden Interessen gegeneinander abgewogen werden – so hat der Arbeitgeber beispielsweise ein überwiegendes berechtigtes Interesse, den beruflichen E-Mail-Verkehr automatisch auf Viren und andere Schadsoftware zu prüfen, aber kein überwiegendes berechtigtes Interesse, eine Whistleblowing-Hotline zur anonymen Meldung von Verletzungen der Kleidervorschrift einzurichten. Insbesondere für die Verarbeitung der Mitarbeiterdaten ist in der Praxis das überwiegende rechtliche Interesse die wichtigste Rechtsgrundlage. Diese Rechtsgrundlage kann allerdings nicht für den Bereich der Hoheitsverwaltung herangezogen werden. [64]

---

[61] Lukas Feiler und Bernhard Horn, Schritt 8: Rechtmäßigkeit der Verarbeitungstätigkeiten absichern, in Verlag Österreich, Umsetzung der DSGVO in der Praxis (2018Seite 15

[62] a.a.O. Seite 15

[63]a.a.O. Seite 15

[64] a.a.O. Seite 16

Für sensible Daten sind diese Rechtsgrundlagen noch weiter eingeschränkt. Insbesondere ist ein überwiegendes berechtigtes Interesse keine ausreichende Rechtsgrundlage für die Verarbeitung sensibler Daten. Die in Betracht kommenden Rechtsgrundlagen sind: [65]

- eine ausdrückliche Einwilligung des Betroffenen;
- Notwendigkeit der Datenverarbeitung für die Ausübung von Rechten oder die Erfüllung von Pflichten im Bereich des Arbeits- und Sozialrechts (zum Beispiel Erfassung der Krankheitstage);
- Ermächtigung durch eine Betriebsvereinbarung oder einen Kollektivvertrag;
- lebenswichtige Interessen des Betroffenen, ohne dass die betroffene Person ihre Einwilligung erteilen kann;
- Mitgliederverwaltung durch politisch, weltanschaulich, religiös oder gewerkschaftlich ausgerichtete Organisation ohne Gewinnerzielungsabsicht;
- die sensiblen Daten wurden vom Betroffenen selbst veröffentlicht (zum Beispiel auf Facebook);
- die sensiblen Daten sind zur Rechtsverteidigung oder Rechtsdurchsetzung erforderlich; oder
- eine Rechtsgrundlage im nationalen Recht, insbesondere im Bereich des Gesundheits- oder Sozialwesens (zum Beispiel das Standesrecht der Ärzte). [66]

Abhängig von der in Betracht kommenden Rechtsgrundlage und dem Zweck der Datenverarbeitung wird sich auch eine Beschränkung der Speicherdauer ergeben. Sollen beispielsweise – gestützt auf ein überwiegendes berechtigtes Interesse – die Daten von erfolglosen Bewerbern von der Personalabteilung aufbewahrt werden, um Ansprüche wegen behaupteter Diskriminierung im Rahmen des Bewerbungsverfahrens abwehren zu können, wäre eine Speicherung nur für bis zu sechs Monate zulässig, weil derartige Ansprüche nach dem Gleichbehandlungsgesetz nach sechs Monaten verjähren. [67]

---

[65] Lukas Feiler und Bernhard Horn, Schritt 8: Rechtmäßigkeit der Verarbeitungstätigkeiten absichern, in Verlag Österreich, Umsetzung der DSGVO in der Praxis (2018) Seite 16
[66] a.a.O. Seite 16
[67] a.a.O. Seite 16

Schließlich ist darauf hinzuweisen, dass auch jede Datenübermittlung von einem Verantwortlichen an einen anderen Verantwortlichen eine Rechtsgrundlage voraussetzt. Werden beispielweise Mitarbeiterdaten zwischen Konzerngesellschaften übermittelt, so erfordert dies eine separate Rechtsgrundlage – typischerweise das überwiegende berechtigte Interesse des Arbeitgebers.[68].

Auch kann als Beispiel ein Unternehmen herangezogen werden, welches einerseits in der Vermittlung sowie in der Verwaltung von Objekten tätig ist – hier werden Daten bei Abschluss eines Miet- oder Kaufvertrages erhoben und in weiterer Folge intern weitergegeben. Solange diese personenbezogenen Daten der Auftragserfüllung im Bereich der Verwaltung dienen, findet diese Weitergabe rechtliche Deckung.

5.3.2. Abschluss von Auftragsverarbeitervereinbarungen mit Dienstleistern

Es muss sichergestellt werden, dass das Unternehmen in seiner Rolle als Verantwortlicher mit jedem Auftragsverarbeiter (Dienstleister) eine Auftragsverarbeitervereinbarung abschließt, die den Anforderungen der DSGVO entspricht. [69] Als Beispiel kann eine Vereinbarung zwischen einem Eigentümer einer Liegenschaft und einer Immobilienverwaltung genannt werden – im Bereich der Immobilienvermittlung ist eine solche Vereinbarung in der Regel nicht von Nöten, da die Daten von Kauf- oder Mietinteressenten direkt an den Vermittler bekannt gegeben werden und nicht vom Auftraggeber (in diesem Falle Liegenschaftseigentümer) bekannt gegeben werden.

---

[68] Lukas Feiler und Bernhard Horn, Schritt 8: Rechtmäßigkeit der Verarbeitungstätigkeiten absichern, in Verlag Österreich, Umsetzung der DSGVO in der Praxis (2018) Seite 16,17
[69] a.a.O. Seite 17

5.3.3. Absicherung internationaler Datenübermittlungen

Sobald personenbezogene Daten ins Ausland übermittelt werden, verlieren sie potenziell den Schutz des inländischen Rechts. Die DSGVO sieht daher für internationale Datenübermittlungen Sonderregelungen vor. Hierbei unterscheidet die DSGVO wie folgt: [70]

- Mitgliedstaaten der EU oder des EWR (die derzeit 28 EU-Mitgliedstaaten plus Island, Liechtenstein und Norwegen): Ein Datenexport in diese Länder unterliegt keinen zusätzlichen Beschränkungen, da die DSGVO gleichermaßen in diesen Ländern gilt. [71]
- Länder, die keine Mitgliedstaaten der EU bzw. des EWR sind aber nach einem sogenannten Angemessenheitsbeschluss der Europäischen Kommission ein angemessenes Datenschutzniveau bieten, werden datenschutzrechtlich so behandelt, als ob sie EU/EWR-Mitgliedstaaten wären. Es gelten daher keine zusätzlichen Beschränkungen. Dies gilt derzeit (Stand Oktober 2017) für: Andorra, Argentinien, Kanada, die Schweiz, die Färöer Inseln, Guernsey, Israel, die Isle of Man, die Insel Jersey, Neuseeland, Uruguay und die USA soweit das US-Unternehmen über eine Privacy-Shield-Zertifizierung verfügt. [72]
- Länder, die keine EU/EWR-Mitgliedstaaten sind und kein angemessenes Datenschutzniveau bieten (unsichere Drittländer): Datenübermittlungen in diese Länder sind nur zulässig, wenn eine Ausnahmeregelung erfüllt ist. Soweit für die Unternehmenspraxis relevant, kommen folgende Ausnahmeregelungen in Betracht: [73]
    - Zwischen dem europäischen Unternehmen und dem Übermittlungsempfänger im Drittland wurden sogenannte Standardvertragsklauseln abgeschlossen. Es handelt sich hierbei um Vertragsmuster, die von der Europäischen Kommission veröffentlicht wurden. Es stehen zwei Arten von Vertragsmustern zur Verfügung: (1) Standardvertragsklauseln für Datenübermittlungen von einem Verantwortlichen an einen Auftragsverarbeiter und (2) Standardvertragsklauseln für einen Verantwortlichen an einen anderen Verantwortlichen. In der Praxis sind

---

[70] Lukas Feiler und Bernhard Horn, Schritt 8: Rechtmäßigkeit der Verarbeitungstätigkeiten absichern, in Verlag Österreich, Umsetzung der DSGVO in der Praxis (2018) Seite 17
[71] a.a.O. Seite 17
[72] a.a.O. Seite 17
[73] a.a.O. Seite 17

Standardvertragsklauseln die häufigste Lösung zur Absicherung von Datenübermittlungen in unsichere Drittländer. [74]

- Konzerninterne Datenübermittlungen in unsichere Drittländer können alternativ durch sogenannte Binding Corporate Rules (BCR) abgesichert werden. Diese müssen allerdings behördlich genehmigt werden und sind daher eine relativ unattraktive Lösung. Bisher hat sich kein österreichischer Konzern für BCR entschieden. [75]
- Der Betroffene hat ausdrücklich in die Übermittlung in das unsichere Drittland eingewilligt – dies ist selten eine praktikable Lösung, zumal die Einwilligung jederzeit widerrufen werden kann. [76]
- Die Übermittlung ist für den Abschluss oder der Erfüllung eines Vertrages erforderlich, der mit dem Betroffenen oder zumindest in seinem Interesse geschlossen wurde – zum Beispiel die Übermittlung der Lieferadresse eines Kunden an die türkische Post, um einem türkischen Online-Kunden das von ihm bestellte Paket liefern zu können. [77]
- Die Übermittlung ist zur Rechtsdurchsetzung oder Rechtsverteidigung notwendig – zum Beispiel die Übermittlung von E-Mails österreichischer Mitarbeiter als Beweismittel an ein US-Gericht in einem in den USA gegen das Unternehmen geführten Zivilprozess. [78]

In der Praxis kommen fast immer Standardvertragsklauseln zum Einsatz, wenn personenbezogene Daten in unsichere Drittländer übermittelt werden sollen. [79]

---

[74] Lukas Feiler und Bernhard Horn, Schritt 8: Rechtmäßigkeit der Verarbeitungstätigkeiten absichern, in Verlag Österreich, Umsetzung der DSGVO in der Praxis (2018) Seite 18
[75] a.a.O. Seite 18
[76] a.a.O. Seite 18
[77] a.a.O. Seite 18
[78] a.a.O. Seite 18
[79] a.a.O. Seite 18

6. Datenverarbeitungsprozesse

Um das Verzeichnis der Verarbeitungstätigkeiten erstellen und die Rechtmäßigkeit der Verarbeitungstätigkeiten beurteilen zu können, sollten über jede Verarbeitungstätigkeit folgende Informationen erhoben werden: [80]

6.1. Unternehmen als Verantwortlicher

Variante 1: Das Unternehmen ist hinsichtlich einer Verarbeitungstätigkeit Verantwortlicher (entscheidet selbst über die Datenverarbeitung):

- Entscheidet das Unternehmen alleine über die Mittel und Zwecke der Datenverarbeitung oder werden diese Entscheidungen gemeinsam mit anderen Unternehmen getroffen? Gibt es gemeinsam Verwantwortliche?
- Welche Datenkategorien werden verarbeitet?
- Zu welchen Zweck erfolgt die Verarbeitung?
- Werden Auftragsverarbeiter eingesetzt? Wenn ja:
    - Wie lauten Name und Anschrift der Auftragsverarbeiter?
    - In welchem Land werden die Daten verarbeitet?
    - Eine Kopie des mit dem Auftragsverarbeiter abgeschlossenen Vertrags
    - Soweit Sub-Auftragsverarbeiter eingesetzt werden:
        - Wie lauten Namen und Anschrift der Sub-Auftragsverarbeiter?
        - In welchem Land werden die Daten verarbeitet?
- Werden Daten an andere Verantwortliche übermittelt? Wenn ja:
    - Wie lauten Name und Anschrift der anderen Verantwortlichen?
    - Welche Datenkategorien werden an die anderen Verantwortlichen übermittelt?
    - Eine Kopie des allenfalls mit den anderen Verantwortlichen abgeschlossenen Vertrags
- Erfolgt die Verarbeitung auf Grundlage einer Einwilligung der Betroffenen? Wenn ja:
    - Eine Kopie des Musters der Einwilligungserklärung
- Eine Kopie der Datenschutzmitteilung, soweit bereits vorhanden

[80] Lukas Feiler und Bernhard Horn, Schritt 4: Ziele des Datenschutzmanagements in einer Unternehmensrichtline definieren, in Verlag Österreich, Umsetzung der DSGVO in der Praxis (2018) Seite 13

- Durch welche technischen und organisatorischen Sicherheitsmaßnahmen werden die Daten geschützt? [81]

6.2. Unternehmen als Auftragsverarbeiter

Variante 2: Das Unternehmen ist hinsichtlich einer Verarbeitungstätigkeit Auftragsverarbeiter (verarbeitet die Daten im Auftrag eines Dritten):

- In wessen Auftrag erfolgt die Datenverarbeitung (wer ist Verantwortlicher)?
- Welche Kategorien von Verarbeitungen werden für welche Verantwortlichen durchgeführt?
- Werden Sub-Auftragsverarbeiter eingesetzt? Wenn ja:
    - Wie lauten Name und Anschrift der Sub-Auftragsverarbeiter?
    - In welchem Land werden die Daten verarbeitet?
    - Eine Kopie des mit dem Auftragsverarbeiter geschlossenen Vertrags
- Durch welche technischen und organisatorischen Sicherheitsmaßnahmen werden die Daten geschützt? [82]

Diese Auskünfte werden zusätzlich zu den in Punkt 6.1. dargestellten Informationen benötigt.

6.3. Fazit

In der Immobilienwirtschaft sind beide Varianten anzutreffen, obwohl hier die Grenzen schwimmend sind. Bei den Bauträgern ist davon auszugehen, dass diese Unternehmen als Verantwortliche eingestuft werden; Immobilienvermittler sowie Immobilienverwaltungen sind eher der Sphäre der Auftragsverarbeiter zuzuordnen. Aber auch hier muss unterschieden werden, da einerseits Daten von Verantwortlichen zur Verfügung gestellt, andererseits aber auch selbst erhoben werden.

[81] Lukas Feiler und Bernhard Horn, Schritt 4: Ziele des Datenschutzmanagements in einer Unternehmensrichtline definieren, in Verlag Österreich, Umsetzung der DSGVO in der Praxis (2018) Seite 13
[82] a.a.O. Seite 13, 14

6.4. Praktische Umsetzung der DSGVO

Insbesondere um die Ziele des Datenschutzmanagements sinnvoll in Angriff nehmen zu können, sollte man sich mit den unterschiedlichen Geschäftssparten und Vertriebswegen des Unternehmens vertraut machen. So macht es aus datenschutzrechtlicher Sicht einen wesentlichen Unterschied, ob das Unternehmen primär an Geschäftskunden oder an Privatkunden verkauft. [83]

6.4.1. Umsetzung im B2B-Bereich | Business-to-Business

Weil Daten, die sich lediglich auf eine Gesellschaft (juristische Person) beziehen, grundsätzlich keine personenbezogenen Daten sind, fällt die Verarbeitung von Geschäftskundendaten meist nicht in den Anwendungsbereich der DSGVO. Datenverarbeitungen im Bereich B2B sollten dennoch nicht ganz ignoriert werden, weil zumindest die Speicherung von Daten der einzelnen Ansprechpartner bei Geschäftskunden der DSGVO unterliegt. [84]

6.4.2. Umsetzung im B2C-Bereich | Business-to-Consumer

Daten über Privatkunden sind jedenfalls personenbezogene Daten, weshalb die DSGVO im Bereich B2C voll Anwendung findet. [85]

Hat ein Unternehmen ausschließlich B2B Geschäfte – wie dies zum Beispiel bei Industrieunternehmen häufig der Fall ist – so führt dies typischerweise dazu, dass der Mitarbeiterschutz strategisch in den Vordergrund rückt, da in diesem Bereich die meisten Daten und daher auch die meisten Risiken vorhanden sein werden. [86]

Vor allem die Immobilienwirtschaft ist in diesem Bereich angesiedelt – dementsprechend wichtig ist die Umsetzung der DSGVO in Hinblick auf personenbezogene Daten und den dementsprechenden Verarbeitungstätigkeiten.

---

[83] Lukas Feiler und Bernhard Horn, Schritt 3: Ersten Überblick verschaffen, in Verlag Österreich, Umsetzung der DSGVO in der Praxis (2018) Seite 8
[84] a.a.O. Seite 8
[85] a.a.O. Seite 8
[86] a.a.O. Seite 8

6.5. Data Breaches und ihre Folgen

Data Breaches bezeichnen den Verlust der vollständigen Kontrolle über die Daten an sich und daher auch darüber, was mit diesen Daten passiert. Dies ist im Sinne des Datenschutzes dann besonders bedenklich, wenn es sich bei einer solchen Datenpanne um Informationen mit Personenbezug handelt. Es ist aus Sicht des Datenschutzes auch unerheblich, ob der Datenabfluss bewusst unbefugt und mit Vorsatz oder unbewusst durch einen Fehler erfolgt ist. Es ist daher zwingend notwendig, dass sich diesbezügliche Regelungen in der DSGVO finden. [87]

Der Verlauf der Datenpanne hat in der Praxis typischerweise zehn Phasen, die zumeist folgende Reihung aufweisen:

- Ungewollter Abfluss der Daten aus der Datenhoheit des für die Verarbeitung Verantwortlichen an sich
- Erkennen des ungewollten Datenabflusses durch den für die Verarbeitung Verantwortlichen
- Verhinderung eines weiteren Datenabflusses
- Einschätzen der Art und Schwere der nachteiligen Folgen für betroffene natürliche Personen
- Beginn der Minimierung möglicher Folgeschäden für betroffene natürliche Personen
- Unverzügliche Information der vermeintlich betroffenen natürlichen Personen, hinsichtlich der Verletzung des Schutzes ihrer personenbezogenen Daten
- Information über die Datenpanne an die Aufsichtsbehörde (Österreichische Datenschutzbehörde) binnen 72 Stunden
- Maßnahmen zur Schadensbeseitigung zugunsten der betroffenen natürlichen Person, eventuell unter Auflagen der Aufsichtsbehörde
- Analyse des kompletten Hergangs der Datenpanne
- Vorkehrungen zur Verhinderung zukünftiger Datenpannen, eventuell unter Auflagen der Aufsichtsbehörde[88]

---

[87] Markus Oman, Daten weg – was nun?, in Knyrim (Hrsg), Datenschutz-Grundverordnung (2016) Seite 209
[88] a.a.O. Seite 209,210

Die neue Regelung wird in vielen Fällen dafür sorgen, dass betroffene Personen tatsächlich über einen sie betreffenden Datenabfluss informiert werden und entsprechend handeln können.

Der für die Verarbeitung Verantwortliche erhält klarere Regeln und auch eine weitreichende Unterstützung beziehungsweise verpflichtende Anleitung durch die Behörde – dies wird am Ende allen Beteiligten nützen.[89]

[89] Markus Oman, Daten weg – was nun?, in Knyrim (Hrsg), Datenschutz-Grundverordnung (2016) Seite 216

7. Informationsrecht und Modalitäten für die Ausübung der Betroffenenrechte

Die DSGVO regelt Informationsverpflichtungen nunmehr im Kapitel über die Betroffenenrechte, der Stellenwert wird daher einem Auskunfts-, Richtigstellungs- oder Löschungsanspruch gleichgestellt. Nunmehr bestätigt auch die DSGVO, Transparenz solle dahingehend bestehen, dass die betroffenen Personen darüber Kenntnis haben, ob personenbezogene Daten erhoben, verwendet, eingesehen oder anderweitig verarbeitet werden und in welchem Umfang diese verarbeitet und künftig noch verarbeitet werden. Der Grundsatz der Transparenz setze demnach voraus, dass alle Informationen und Mitteilungen zur Verarbeitung dieser personenbezogenen Daten leicht zugänglich, verständlich, und in klarer und einfacher Sprache abgefasst sind. Wesentliches Element der DSGVO ist also eine informierte betroffene Person, die darüber aufgeklärt ist, wie sie ihre Rechte geltend machen kann.[90]

7.1. Transparenz

Der Grundsatz der Transparenz setzt voraus, dass eine für die Öffentlichkeit oder die betroffene Person bestimmte Information präzise, leicht zugänglich, und verständlich sowie in klarer und einfacher Sprache abgefasst ist und gegebenenfalls zusätzlich visuelle Elemente verwendet werden. Der für die Verarbeitung Verantwortliche hat alle geeigneten Maßnahmen zu treffen, um die Informationen nach dem Art 13 (Informationspflicht bei Erhebung von personenbezogenen Daten bei der betroffenen Person), 14 (Informationspflicht, wenn die personenbezogenen Daten nicht bei der betroffenen Person erhoben wurden) und alle Mitteilungen nach den Art 15-22 (Rechte auf Auskunft, Berichtigung, Löschung, Einschränkung, Datenübertragbarkeit und Widerspruch, automatisierte Entscheidungen im Einzelfall einschließlich Profiling) und Art 34 (*data breach notification*) erfüllen zu können (Art 12 Abs 1).[91]

---

[90] Ursula Illibauer, Informationsrecht und Modalitäten für die Ausübung der Betroffenenrechte, in Knyrim (Hrsg), Datenschutz-Grundverordnung (2016) Seite 115,116
[91] a.a.O. Seite 116

7.2. Art der Informationserteilung

Die Übermittlung der Informationen sollte grundsätzlich schriftlich erfolgen, ausdrücklich wird auch die Möglichkeit einer elektronischen Übermittlung genannt. Dieser Fall wird in der DSGVO selbst näher beschrieben: Konkret können die Informationen grundsätzlich auch auf einer Website, wenn diese für die Öffentlichkeit bestimmt ist, zur Verfügung gestellt werden. Ob die Aufnahme im verpflichtenden Impressum ausreicht, ist fraglich, empfehlenswerter wäre wohl eine eigene datenschutzrechtliche Informationsrubrik (zum Beispiel unter einem ebenso benannten Button „Datenschutz" oder Ähnliches).

Insbesondere wenn eine große Anzahl an Beteiligten und die Komplexität der dafür notwendigen Technik es erschweren würden zu erkennen, ob, und von wem und zu welchem Zweck Daten erfasst werden, kann die Website als geeignetes Medium der Informationserteilung dienen. Als Beispiel hierzu wird konkret die Werbung im Internet genannt, die ohnehin bereits mit diversen Informationsbannern und –boxen, die in Websites implementiert werden, arbeitet.

Sofern dies die betroffene Person verlangt, könnten die Informationen auch mündlich zur Verfügung gestellt werden, was allerdings zwei Problemstellungen aufwirft:

- Die DSGVO verlangt selbst, dass die Identität der betroffenen Person sodann „*in anderer Form nachgewiesen wurde*" (Art 12 Abs 1),
- andererseits stellt sich die Frage nach der Nachweisbarkeit einer entsprechenden Informationserteilung. Es sollte hier zumindest eine interne Aufzeichnung über die Informationserteilung erfolgen.

Wir der Antrag von der betroffenen Person selbst elektronisch gestellt, sollte auch möglichst auf elektronischem Weg entsprochen werden, außer die betroffene Person selbst verlangt etwas Abweichendes. [92]

7.3. Unentgeltlichkeit der Informationserteilung

Grundsätzlich sind die Informationen nach den Art 13 und 14 und alle Mitteilungen und Maßnahmen, die in den Art 15-22 und 34 ausgewiesen sind, unentgeltlich zu erteilen, es sei denn, es handelt sich um einen offenkundig unbegründeten oder exzessiven Antrag (Art 12 Abs 5). Letzteres wird beispielsweise der Fall sein, wenn Anträge sehr häufig durch eine betroffene Person gestellt werden. Die

---

[92] Ursula Illibauer, Informationsrecht und Modalitäten für die Ausübung der Betroffenenrechte, in Knyrim (Hrsg), Datenschutz-Grundverordnung (2016) Seite 116, 117

Unentgeltlichkeit der Informationserteilung entspricht im Wesentlichen der Richtlinie 95/46/EG[93], ebenso die Möglichkeit, im Rahmen des Missbrauchs ein angemessenes Entgelt zu verlangen. Beim angemessenen Entgelt werden die Verwaltungskosten für die Unterrichtung, die Mitteilung oder die Durchführung der beantragten Maßnahme berücksichtigt werden (Art 12 Abs 5). Grundsätzlich kann sich der für die Verarbeitung Verantwortliche auch weigern, aufgrund des Antrags tätig zu werden. Jedenfalls muss er aber die offenkundige Unbegründetheit bzw. den exzessiven Charakter des Antrags selbst beweisen können. [94]

7.4. Identitätsnachweis

Grundsätzlich hat der für die Verarbeitung Verantwortliche den betroffenen Personen die Ausübung ihrer Rechte auf Auskunft, Berichtigung, Löschung, Einschränkung, Datenübertragbarkeit und Widerspruch zu erleichtern. Dem entgegengesetzt kann der Verantwortliche allerdings oftmals die betroffene Person nicht (mehr) identifizieren, da diese Identifikation für den Verarbeitungszweck nicht (mehr) notwendig ist. Hierzu ist er auch nicht verpflichtet (Art 11 Abs 1), jedoch stellt sich die Frage, wie er entsprechende Informationen in diesem Fall bereitstellen kann. Die DSGVO verweist einerseits darauf, dass zuerst die betroffene Person über diese Situation informiert werden muss, sofern möglich (sofern nicht möglich, wird wohl eine derartige Information entfallen können, Art 11 Abs 2).

Betroffenenrechte (Art 15-20) können in diesem Fall nicht mehr ausgeübt werden, außer die betroffene Person stellt zusätzlich Informationen bereit, die ihre Identifizierung ermöglichen. Informationsverpflichtungen nach Art 12-14 müssen allerdings dennoch erfüllt werden, dies wohl aus dem Grund, dass die Informationen üblicherweise zu einem früheren Zeitpunkt zur Verfügung gestellt werden müssen und angenommen wird, zu diesem Zeitpunkt noch über die Informationen zu verfügen (ob dies tatsächlich der Fall ist, sei dahingestellt). Andererseits wird nochmals auf die ausdrückliche Verpflichtung des für die Verarbeitung Verantwortlichen selbst hervorgehoben, glaubhaft machen zu müssen, dass er nicht in der Lage ist, die betroffene Person zu identifizieren (Art 12 Abs 2). Das heißt letztendlich, dass jede Möglichkeit einer Identifizierung genutzt werden muss. [95]

---

[93] https://www.dsb.gv.at/recht-auf-datenschutz-in-der-eu, 10.02.2019

[94] Ursula Illibauer, Informationsrecht und Modalitäten für die Ausübung der Betroffenenrechte, in Knyrim (Hrsg), Datenschutz-Grundverordnung (2016) Seite 117

[95] a.a.O. Seite 117, 118

Bestehen begründete Zweifel an der Identität der um Auskunft oder Mitteilung ersuchenden Person, so kann der für die Verarbeitung Verantwortliche zusätzliche Informationen anfordern, die er zur Bestätigung der Identität der besagten Person benötigt.
Eine Verpflichtung der betroffenen Person, die Identität bereits beim Ersuchen bekannt zu geben, besteht nicht, was mit einer möglichst einfachen Handhabe für die betroffenen Personen zur Durchsetzung ihrer Rechte begründet wurde. Für den für die Verarbeitung Verantwortlichen bringt das allerdings Ungewissheit, wann begründete Zweifel vorliegen und ob Daten möglicherweise unzulässig herausgegeben worden sind (und wiederum hohe Strafen drohen!).

Begründete Zweifel können beispielsweise bei telefonischen Ansuchen oder bei E-Mailadressen ohne Klarnamen bestehen. Der für die Verarbeitung Verantwortliche hat alle vertretbaren Mittel in Anspruch zu nehmen, um die Identität zu überprüfen (als Beispiel werden auch Zugriffsdaten für Online-Dienst angeführt). Ein Verantwortlicher sollte personenbezogene Daten aber nicht allein zu dem Zweck speichern oder einholen müssen, um auf mögliche Auskunftsersuchen reagieren zu können. [96]

7.5. Frist

Informationen über die auf Antrag über die Rechte auf Auskunft, Berichtigung, Löschung, Einschränkung, Datenübertragbarkeit und Widerspruch ergriffenen Maßnahmen sind der betroffenen Person unverzüglich zu geben. Jedenfalls hat die Maximalfrist von einem Monat nach Eingang des Antrags einzuhalten, welche nur dann um zwei weitere Monate verlängert werden kann, wenn die Komplexität und die Anzahl der Anträge eine derartige Verlängerung benötigt. [97]

---

[96] Ursula Illibauer, Informationsrecht und Modalitäten für die Ausübung der Betroffenenrechte, in Knyrim (Hrsg), Datenschutz-Grundverordnung (2016) Seite 117, 118
[97] a.a.O. Seite 117, 118

In diesem Fall muss die betroffene Person allerdings dennoch innerhalb eines Monats nach Eingang des Antrags über die Fristverlängerung und deren Begründung informiert werden. Ebenso ist innerhalb eines Monats davon zu unterrichten, wenn generell nicht auf das Auskunftsbegehren reagiert werden wird (Art 12 Abs 4). In diesem Fall ist wiederum eine Begründung mitzureichen, ebenso die Belehrung über die Möglichkeit, bei einer Aufsichtsbehörde Beschwerde einzulegen oder einen gerichtlichen Rechtsbehelf in Anspruch zu nehmen. [98]

7.6. Strafrahmen

Bei Verstößen gegen diese Bestimmung drohen Geldbußen von bis zu € 20 Millionen oder im Fall eines Unternehmens von bis zu 4% des gesamten weltweit erzielten Jahresumsatzes des vorangegangenen Geschäftsjahres, je nachdem, welcher der Beträge höher ist.[99]

---

[98] Ursula Illibauer, Informationsrecht und Modalitäten für die Ausübung der Betroffenenrechte, in Knyrim (Hrsg), Datenschutz-Grundverordnung (2016) Seite 117, 118

[99] a.a.O. Seite 117, 118

8. Rechte auf Auskunft, Berichtigung, Löschung, Einschränkung, Datenübertragbarkeit und Widerspruch in der Praxis

Betroffene haben grundsätzlich das Recht, vom Verantwortlichen über die Verarbeitung ihrer personenbezogenen Daten informiert zu werden. Der Umfang der Informationspflichten und die einzuhaltenden Fristen sind in der DSGVO im Detail geregelt.

8.1. Auskunft

Das Unternehmen stellt nun fest, ob es Daten des Betroffenen verarbeitet. Werden die Daten anonymisiert geführt, sodass dem Betroffene seine Daten nicht (mehr) zuordenbar sind, so müsste das Unternehmen dies dem Betroffenen nachweisen und ihn darüber hinaus verständigen .Der Betroffene hätte noch die Möglichkeit, dem Unternehmen Angaben zur Verfügung zu stellen, die eine Identifikation ermöglichen. Ein Anwendungsfall könnte ein Auskunftsbegehren über eine Videoüberwachungsanlage sein.

Falls keine Daten des Betroffenen verarbeitet werden, ist eine Negativauskunft zu erteilen. Falls Daten verarbeitet werden, prüft das Unternehmen, ob gesetzliche Beschränkungen des Auskunftsrechts des Betroffenen vorliegen. Sodann beschafft sich das Unternehmen folgende Informationen:

- Kopien der Daten (E-Mails, Datenbankauszüge, etc.)
- die konkret verarbeiteten Daten
- die Verarbeitungszwecke
- die Kategorien der Daten, die verarbeitet werden
- die Empfänger oder Kategorien von Empfängern, an die die Daten weitergegeben worden sind oder noch weitergegeben werden, speziell bei Empfängern in Drittländern oder bei internationalen Organisationen; darunter sind wohl auch Dienstleister zu verstehen[100]

[100] Viktoria Haidinger, Die Rechte auf Auskunft, Berichtigung, Löschung, Einschränkung, Datenübertragbarkeit, in Knyrim (Hrsg), Datenschutz-Grundverordnung (2016) Seite 127, 128

- wenn möglich, die geplante Speicherfrist für die Daten, oder falls das nicht möglich ist, die Kriterien für die Festlegung dieser Dauer
- alle verfügbaren Informationen über die Herkunft der Daten (falls die Daten nicht beim Betroffenen selbst erhoben worden sind)
- im Fall von Entscheidungen, die auf einer automatisierten Verarbeitung einschließlich Profiling beruhen, Angaben zu der verwendeten Logik sowie zur Tragweite und zu den angestrebten Auswirkungen einer derartigen Verarbeitung
- bei internationalen Datentransfers: falls notwendig, die Grundlagen der geeigneten Garantien[101]

Besonders bemerkenswert sind folgende neuen Verpflichtungen:

Ein Recht auf Herausgabe der Kopie der Daten wurde von der Datenschutzkommission bislang ausdrücklich verneint. Zur Speicherfrist ist zu bemerken, dass im Unternehmensalltag häufig Überlegungen, wann welche Daten gelöscht werden, fehlen, obwohl dies bereits davor notwendig gewesen wäre. Als Grundlagen der geeigneten Garantien bei internationalen Datentransfers kommen etwa Standardvertragsklauseln in Betracht.

Stellt das Unternehmen fest, dass eine Aushändigung der Kopie der Daten in die Rechte anderer Personen eingreifen würde – zum Beispiel sind in einem E-Mail auch andere Personen genannt, deren Interessen unter Umständen höher einzustufen sind -, so sind diese Unterlagen nicht vom Auskunftsrecht umfasst. [102]

---

[101] Viktoria Haidinger, Die Rechte auf Auskunft, Berichtigung, Löschung, Einschränkung, Datenübertragbarkeit, in Knyrim (Hrsg), Datenschutz-Grundverordnung (2016) Seite 127, 128

[102] A.a.O. Seite 127, 128

8.1.1. Beantwortung Auskunftsersuchen

Sobald ein Auskunftsersuchen beim Verantwortlichen bzw. beim Auftragsverarbeiter eintrifft, sollte im ersten Schritt die Identität des Betroffenen festgestellt werden. Hier hat der ÖVI als Interessensvertretung der Immobilienwirtschaft ein entsprechendes Muster zur Verfügung gestellt:

Musterschreiben

AUSKUNFT NACH ART 15 Datenschutzgrundverordnung

Schritt 1: Identitätsnachweis

An Herrn/Frau

(Name)

(Adresse)

Datum

Betrifft: Auskunft gem. Art 15 DSGVO

Sehr geehrte/r ....

Bezugnehmend auf Ihr Auskunftsersuchen vom .... (Datum) per .... (Post, email, Telefon, persönliche Vorsprache etc) erlauben wir uns Ihnen mitzuteilen, dass Sie gem ART 15 Datenschutzgrundverordnung Auskunft über die bei uns von Ihnen verarbeiteten Daten verlangen können.

Da es sich beim Auskunftsrecht um ein höchstpersönliches Recht handelt, ersuchen wir Sie, uns eine Kopie eines amtlichen Lichtbildausweises (Reisepass, Führerschein oder ähnliches) zukommen zu lassen. Dies dient insbesondere dazu, um sicherzustellen, dass ausschließlich Sie als Betroffener Auskunft über Ihre Daten erhalten. Sie helfen uns damit auch, einen Missbrauch des Auskunftsrechtes hintanzuhalten.

Nach Einlangen Ihres Identitätsnachweises werden wir Ihrem Ersuchen umgehend entsprechen und innerhalb gesetzlicher Frist (*innerhalb eines Monats, ist die Beantwortung des Antrags sehr komplex, kann die Beantwortung um weitere zwei Monate verlängert werden*) ab Einlangen eines gültigen Identitätsnachweises Ihrem Auskunftsbegehren nachkommen.

Wir hoffen, Ihrem Anliegen hiermit entsprochen zu haben und stehen Ihnen für weitere Frage gerne zur Verfügung.

Mit freundlichen Grüßen

Abb 5: Musterschreiben Auskunft nach ART 15 Datenschutzgrundverordnung, Quelle: Österreichischer Verband der Immobilientreuhänder (ÖVI), Muster Auskunftserteilung Schritt 1 Identitätsnachweis ÖVI Muster 03.2018

Dieses Schreiben ist dann von Nöten, wenn der Betroffene, welcher die Anfrage stellt, nicht identifiziert werden kann. Sollte die Anfrage zum Beispiel über eine eindeutig dem Betroffenen zuordenbare Mailadresse eintreffen oder der Betroffene ein davor vereinbartes Kundenkennwort am Telefon genannt haben, kann dieser Schritt entfallen.

Nachdem die Identität des Antragsstellers auf Auskunft zweifelsfrei festgestellt wurde, muss innerhalb der gesetzlichen Frist, welche in Punkt 11.5 auf Seite 42 im Detail erläutert wird, eine Beantwortung an den Betroffenen erfolgen, auch hier wurde seitens des ÖVI ein entsprechendes Muster zur Verfügung gestellt:

Musterschreiben

AUSKUNFT NACH ART 15 Datenschutzgrundverordnung

Schritt 2: Auskunftserteilung

An Herrn/Frau

(Name)

(Adresse)

Datum

Betrifft: Auskunft gem. Art 15 DSGVO

Sehr geehrte/r ....

Hiermit wird bestätigt, dass wir personenbezogene Daten von Ihnen verarbeiten (oder alternativ Negativauskunft).

Wir haben Ihren Antrag auf Auskunft am (Datum) erhalten und kommen Ihrem Auskunftsersuchen betreffend Ihrer bei uns gespeicherter Daten innerhalb gesetzlicher Frist (binnen einem Monat oder bei besonders komplexen Anträgen kann die Frist um weitere 2 Monate verlängert werden, dies ist jedoch dem Betroffenen mit Angaben von Gründen mitzuteilen) hiermit nach:

Wir verarbeiten folgende Daten zu Ihrer Person:

(Benennung der Kategorien der Daten sowie der konkret hinsichtlich des Betroffenen gespeicherten Daten zB

...(Titel) Mag.

..(Name) Maxi Mustermann

..(Adresse) Mustergasse

..Geburtsdatum (etc) 20.10.1978

Einen Ausdruck der relevanten Datenverarbeitungen finden Sie im Anhang (z.B. Screenshot der Datenmaske)

Diese Daten werden zu folgenden Zwecken verarbeitet:

zB Abwicklung des geschlossenen Vertragsverhältnisses (Mietvertrag) im Rahmen der Verwaltung des Objekts (für Dritte), einschließlich automationsunterstützt für diese Zwecke erstellter und archivierter Textdokumente, Vorschreibung und Abrechnung von Mietzinsen

Die Daten werden an folgende Empfänger (Empfängerkategorien) übermittelt:

Falls zutreffend zB an der Geschäftsabwicklung beteiligte Dritte wie (potentielle)Vertragspartner (Vermieter), zuständige Fachabteilungen der Hausverwaltung, private und öffentliche Stellen, die Informationen im Zusammenhang mit dem Vertragsobjekt bekanntgeben können oder benötigen (z.B

Rauchfangkehrer), Finanzierungsunternehmen, Versicherungen; Finanzamt und sonstige Behörden, Steuerberater und Rechtsvertreter (bei der Durchsetzung von Rechten oder Abwehr von Ansprüchen oder im Rahmen von Behördenverfahren).

Unternehmen, die im Rahmen der Betreuung unserer unternehmensinternen IT-Infrastruktur (Software, Hardware) beauftragt sind;

Beauftragte Professionisten (z.B. Kontaktaufnahme zur Schadensbehebung);

Makler, Interessenten, Käufer, Investoren (im Rahmen des beabsichtigten Verkaufes der Liegenschaft);

Hausverwaltung im Rahmen der Übergabe von Verwaltungsagenden;

.... oder an niemanden übermittelt.

Wir speichern Ihre Daten ....

zB auf die Dauer des Mietverhältnisses und nach Beendigung des Mietverhältnisses zumindest weitere 7 Jahre nach Ende des Geschäftsjahres, in dem die Daten angefallen sind (§ 132 BAO) und darüber hinaus zur Geltendmachung von Ansprüchen oder Abwehr von Ansprüchen (z.B. auch bei steuerlichen Fragen) max. 30 Jahre.

(*Falls die Daten nicht bei der betroffenen Person erhoben wurden*): Wir haben Ihre Daten erhalten von ....„

Eigentümer/Vermieter bzw. der Vorverwaltung, Makler

Als betroffener Person stehen Ihnen grundsätzlich das Recht auf Berichtigung, Löschung, Einschränkung und Widerspruch zu. Zur Ausübung Ihrer Rechte wenden Sie sich bitte an uns. Wenn Sie der Auffassung sind, dass die Verarbeitung Ihrer Daten gegen das Datenschutzrecht verstößt oder Ihre datenschutzrechtlichen Ansprüche sonst in irgendeiner Weise verletzt worden sind, können Sie sich bei der Aufsichtsbehörde beschweren. In Österreich ist die Datenschutzbehörde zuständig.

Wir hoffen, Ihrem Anliegen hiermit entsprochen zu haben und stehen Ihnen für weitere Frage gerne zur Verfügung.

Mit freundlichen Grüßen

Abb. 6: Musterschreiben Auskunft nach ART 15 Datenschutzgrundverordnung, Quelle: Österreichischer Verband der Immobilientreuhänder (ÖVI), Muster Auskunftserteilung Schritt 2 Auskunft Art 15 DSGVO ÖVI Muster 03.2018

Dieses Muster deckt alle Arten der Verwendung von personenbezogenen Daten ab, welche in der Immobilienwirtschaft angesiedelt sind. Diese Schreiben sollten mit dem Verarbeitungsverzeichnis korrelieren und muss dementsprechend auf die jeweilige Sparte im Immobilienbereich beziehungsweise das jeweilige Unternehmen adaptiert werden.

8.2. Berichtigung

Der Betroffene richtet sich wieder – formlos, per Brief oder E-Mail oder sogar mündlich – an das Unternehmen. Art 16 spricht davon, dass das Berichtigungsbegehren unverzüglich zu beantworten ist. Auch hier gilt die einmonatige Frist – mit Verlängerungsmonat in komplexen Fällen – des Art 12 Abs 2, weil Art 12 die allgemeinen Bestimmungen für alle Betroffenenrechte enthält und damit auch auf das Berichtigungsrecht anwendbar ist. Das Unternehmen hat jene Daten des Betroffenen zu berichtigen, die unzutreffend sind. Ferner hat jener das Recht, seine Daten auch ergänzen zu lassen, falls dies für den Zweck der Datenanwendung relevant ist. Der Betroffene kann auch verlangen, dass die Datenverarbeitung durch das Unternehmen für die Dauer der Prüfung der Daten eingeschränkt wird. [103]

8.3. Löschung

Das Recht auf Vergessenwerden (Löschung) kann nur geltend gemacht werden, wenn der Verantwortliche keine Rechtsgrundlage (mehr) für die Verarbeitung der Daten des Betroffenen hat.

Ein Recht auf Vergessenwerden besteht daher insbesondere dann, wenn die Datenverarbeitung niemals rechtmäßig war, wie beispielsweise:

- die Daten ohne festgelegten Zweck erhoben wurden
- die Daten für den festgelegten Zweck nicht erforderlich sind
  oder
- die Daten ohne Rechtsgrundlage verarbeitet werden, weil zum Beispiel eine Einwilligung von Anfang an unwirksam war oder der Verantwortliche fälschlich ein überwiegendes berechtigtes Interesse angenommen hat.

Das Recht auf Vergessenwerden besteht auch dann, wenn die Rechtswidrigkeit nachträglich eingetreten ist, wie beispielsweise:

- die Daten nicht gelöscht wurden, obwohl sie für den Zweck ihrer Verarbeitung nicht mehr erforderlich sind
- die Daten trotz Inkompatibilität für einen anderen Zweck weiterverarbeitet werden

---

[103] Viktoria Haidinger, Die Rechte auf Auskunft, Berichtigung, Löschung, Einschränkung, Datenübertragbarkeit, in Knyrim (Hrsg), Datenschutz-Grundverordnung (2016) Seite 129, 130

oder

- die Rechtsgrundlage für die Verarbeitung nachträglich entfällt, weil beispielsweise eine Einwilligung widerrufen wurde, die betroffene Person erfolgreich Widerspruch erhoben hat oder das berechtigte Interesse des Verantwortlichen auf Verarbeitung zwischenzeitlich (aufgrund Zeitablaufs) nunmehr als geringer als das Interesse des Betroffenen eingestuft werden muss. [104]

Wird einem Löschungsbegehren nicht entsprochen, müssen dem Betroffenen innerhalb der vorgesehenen Bearbeitungsfrist (ein Monat bzw. kann bei komplexen Anträgen um weitere zwei Monate verlängert werden) die Gründe für die Ablehnung mitgeteilt werden. Anderenfalls ist die Löschung vorzunehmen und die betroffene Person davon in Kenntnis zu setzen. [105]

Zudem müssen alle Empfänger, denen die gelöschten Daten offengelegt wurden, von der Löschung in Kenntnis gesetzt werden und dem Betroffenen diese Empfänger mitgeteilt werden. Diese Verständigung darf nur dann unterbleiben, wenn Sie unmöglich oder mit einem unverhältnismäßigen Aufwand verbunden ist, zum Beispiel weil Datenübermittlungen zulässigerweise nicht protokolliert wurden. [106]

---

[104] Lukas Feiler und Bernhard Horn, 100 Praxisfragen und Antworten zur DSGVO, in Verlag Österreich, Umsetzung der DSGVO in der Praxis (2018) Seite 93
[105] a.a.O. Seite 94
[106] a.a.O. Seite 94

8.3.1. Verweigerung der Löschung

Der Löschungsanspruch kann vom Unternehmen in folgenden Fällen abgelehnt werden:

- Die Speicherung ist notwendig
- zur Ausübung des Rechts auf freie Meinungsäußerung und Information
- zur Erfüllung einer rechtlichen Verpflichtung oder einer im öffentlichen Interesse liegenden Aufgabe, oder sie erfolgt in Ausübung öffentlicher Gewalt, die dem Auftraggeber übertragen wurde
- aus Gründen des öffentlichen Interesses im Bereich der öffentlichen Gesundheit
- für im öffentlichen Interesse liegende Archivzwecke, für wissenschaftliche, historische oder statistische Zwecke soweit durch das Löschungsrecht voraussichtlich die Verwirklichung der Ziele dieser Verarbeitung unmöglich gemacht oder ernstlich beeinträchtigt würden
- zur Geltendmachung, Ausübung oder Verteidigung von Rechtsansprüchen[107]

[107] Lukas Feiler und Bernhard Horn, 100 Praxisfragen und Antworten zur DSGVO, in Verlag Österreich, Umsetzung der DSGVO in der Praxis (2018) Seite 131, 132

Auch hier wurde seitens des ÖVI eine Mustervorlage zur Verfügung gestellt:

Musterschreiben

Ablehnung einer Löschung

An Herrn/Frau

(Name)

(Adresse)

Datum

Betrifft: Antrag auf Löschung

Sehr geehrte/r ....

Ihrem am ....(Datum) eingelangten Antrag auf Löschung Ihrer von uns verarbeiteten personenbezogenen Daten können wir aus folgenden Gründen nicht nachkommen:

Wir sind dann zur Löschung verpflichtet, wenn diese Daten für den Zweck nicht mehr notwendig sind.

Da die von Ihrem Löschungsersuchen betroffenen Daten einerseits der Erfüllung einer rechtlichen Verpflichtung unterliegen (zB steuerrechtliche Aufbewahrungspflichten) oder zur Geltendmachung, Ausübung oder Verteidigung von Rechtsansprüchen erforderlich sind, sind wir zur Löschung nicht verpflichtet (siehe auch Art 17 Abs 3 DSGVO).

Bitte um Verständnis, dass wir Ihrem Anliegen nicht entsprechen können. Für weitere Fragen und Informationen stehen wir Ihnen jederzeit gerne zur Verfügung.

Mit freundlichen Grüßen

Abb. 7: Musterschreiben Ablehnung einer Löschung, Quelle: Österreichischer Verband der Immobilientreuhänder (ÖVI), Muster Ablehnung Löschungsersuchen ÖVI Muster 03.2018

Da bei einer Ablehnung die demensprechende rechtliche Grundlage zur Verarbeitung der personenbezogenen Daten vorhanden sein muss, ist es an dieser Stelle ausreichend, diese Vorlage entsprechend allgemein zu halten. Es können hier aber auch die jeweiligen gesetzlichen Fristen angeführt werden – um unter Umständen weitere Anfragen in dem Zeitraum, in welchem die Daten noch nicht gelöscht werden können, zu verhindern,

8.4. Einschränkung

Das Recht auf Einschränkung der Verarbeitung bedeutet, dass die Daten nur mehr gespeichert werden dürfen; alle sonstigen Verarbeitungsschritte bedürfen entweder der Zustimmung des Betroffenen oder müssen zur Geltendmachung, Ausübung oder Verteidigung von Rechtsansprüchen notwendig sein. Es ist davon auszugehen, dass auch jene Verarbeitungsschritte erlaubt sind, dir zur Erfüllung der jeweiligen Begehren des Betroffenen erforderlich sind.

Folgende Fälle deckt das Recht auf Einschränkung ab:

- Der Betroffene hat die Richtigkeit seiner Daten bestritten: Für die Dauer der Prüfung der Daten durch das Unternehmen kann der Betroffene begehren, dass die Datenverarbeitung eingeschränkt wird
- Die Datenverwendung ist rechtswidrig, aber der Betroffene spricht sich gegen eine Löschung aus und verlangt alternativ die Beschränkung
- Das Unternehmen benötigt die Daten zwar nicht mehr, aber der Betroffene zur Geltendmachung, Ausübung oder Verteidigung von Rechtsansprüchen
- Der Betroffene hat Widerspruch eingelegt: Für die Dauer der Prüfung durch das Unternehmen kann der Betroffene begehren, dass die Datenverarbeitung eingeschränkt wird

Sollte das Unternehmen die Einschränkung aufheben, hat es den Betroffenen davon in Kenntnis zu setzen.[108]

8.5. Datenübertragbarkeit

Hat der Betroffene dem Unternehmen Daten bereitgestellt, so hat der Betroffene das Recht, diese Daten in einem strukturierten, gängigen und maschinenlesbaren Format zu erhalten und diese Daten ohne Behinderung an einen anderen Auftraggeber weiterzugeben, sofern die Verarbeitung der Daten mit automatischen Mitteln und entweder aufgrund einer Zustimmung des Betroffenen oder eines Vertrages zwischen Betroffenen und Unternehmen erfolgte.

Nun stellt sich freilich die Frage, welche Daten der Betroffene dem Unternehmen im Sinne der Bestimmungen bereitstellt. Intention der Regelung war, ohne weitere Schwierigkeiten von einem Sozialen Medium zu einem anderen zu wechseln. Man

---

[108] Viktoria Haidinger, Die Rechte auf Auskunft, Berichtigung, Löschung, Einschränkung, Datenübertragbarkeit, in Knyrim (Hrsg), Datenschutz-Grundverordnung (2016) Seite 133, 134

wird daher davon ausgehen können, dass vom Betroffenen erstellte und hochgeladene Fotos und Texte wohl jedenfalls unter Art 20 (Datenübertragbarkeit) fallen. Wie es sich aber mit Daten verhält, die der Betroffene nur verursacht hat, (zum Beispiel Daten über Telefonie, Bewegung), wird wohl die Judikatur klären müssen. Es ist auch festzuhalten, dass der Betroffene keine Begründung für die Geltendmachung seines Rechtes benötigt. Das Unternehmen muss seine Systeme so gestalten, dass es diese Pflicht erfüllen kann.

Weiters kann der Betroffene verlangen, dass das Unternehmen die Daten direkt einem anderen Auftraggeber übermittelt, allerdings nur, wenn dies technisch machbar ist. Es besteht jedoch keine Verpflichtung des Unternehmens, technisch kompatible Datensysteme zu übernehmen oder beizubehalten.

Das Recht besteht nicht, wenn

- die Verarbeitung für die Wahrnehmung einer Aufgabe erforderlich ist, die im öffentlichen Interesse liegt oder in Ausübung öffentlicher Gewalt erfolgt, die dem Auftraggeber übertragen wurde
- die Offenlegung personenbezogener Daten die Rechte an geistigen Eigentum im Zusammenhang mit der Verarbeitung dieser personenbezogenen Daten verletzen würde[109]

8.5.1. Recht auf Datenübertragbarkeit

Ein Recht auf Datenübertragbarkeit besteht nur, wenn alle der folgenden vier Voraussetzungen erfüllt sind:

- Das Recht wird gegenüber einem Verantwortlichen geltend gemacht. Gegenüber einem Auftragsverarbeiter besteht kein Recht auf Datenübertragbarkeit.
- Die Daten wurden dem Verantwortlichen vom Betroffenen aktiv zur Verfügung gestellt. Kein Recht auf Datenübertragbarkeit besteht somit für Daten, die der Verantwortliche selbst erzeugt oder von Dritten erhalten hat.
- Die Daten werden mithilfe automatisierter Verfahren verarbeitet. Somit besteht kein Recht auf Datenübertragbarkeit, wenn die Daten in manuellen Dateisystemen verarbeitet werden (zum Beispiel Aktenordnern oder Karteien).

---

[109] Viktoria Haidinger, Die Rechte auf Auskunft, Berichtigung, Löschung, Einschränkung, Datenübertragbarkeit, in Knyrim (Hrsg), Datenschutz-Grundverordnung (2016) Seite 134

- Die Verarbeitung der Daten erfolgt auf der Rechtsgrundlage der Einwilligung des Betroffenen oder der Notwendigkeit zur Erfüllung eines mit dem Betroffenen geschlossenen Vertrags. Daten, die vom Verantwortlichen auf Basis anderer Rechtsgrundlagen verarbeitet werden, unterliegen daher nicht dem Recht auf Datenübertragbarkeit.

Folgende Beispiele illustrieren den engen Anwendungsbereich des Rechts auf Datenübertragbarkeit:

- Im Arbeitsverhältnis: Das Recht auf Datenübertragbarkeit wird sich im Arbeitsverhältnis im Wesentlichen auf die im Lebenslauf genannten Daten und die vom Arbeitnehmer bekannt gegebene Bankverbindung beschränken, weil nur die vom Arbeitnehmer bereitgestellten Daten erfasst sind, deren Verarbeitung für die Vertragserfüllung notwendig sind. Über den Arbeitnehmer erzeugte Daten (zum Beispiel seine kollektivvertragliche Einstufung) unterliegen hingegen genau so wenig dem Recht auf Datenübertagbarkeit, wie die vom Arbeitnehmer bereitgestellten Daten, die auf der Rechtsgrundlage eines überwiegenden berechtigten Interesses verarbeitet werden (zum Beispiel vom Arbeitnehmer verfasste E-Mails). [110]
- Eine Bank: Daten ausgehender manueller Überweisungen werden vom Recht auf Datenübertragbarkeit grundsätzlich erfasst. Daten eingehender Überweisungen wurden hingegen nicht vom Betroffenen „bereitgestellt".
- Ein Mail-Service-Provider: Ein typischer Mail-Service-Provider bietet seinen Kunden die Möglichkeit, E-Mails zu versenden und zu empfangen, trifft allerdings keine Entscheidung über die Mittel und Zwecke der Datenverarbeitung. Er ist daher Auftragsverarbeiter seiner Kunden und kein Verantwortlicher. Das Recht auf Datenübertragbarkeit ist daher nicht anwendbar.
- Ein Betreiber eines Social Networks: Nur die vom Nutzer selbst bereitgestellten Daten sind vom Recht auf Datenübertragbarkeit erfasst. Von anderen Nutzern verfasste Nachrichten oder Fotos, auf denen der Nutzer von anderen Nutzern „ge-tagged" wurde, sind hingegen nicht erfasst. [111]

---

[110] Lukas Feiler und Bernhard Horn, 100 Praxisfragen und Antworten zur DSGVO, in Verlag Österreich, Umsetzung der DSGVO in der Praxis (2018) Seite 89,90
[111] a.a.O. Seite 89,90

9. Die DSGVO in der Praxis der Immobilienwirtschaft

Zu Beginn des Mietverhältnisses werden Daten im Rahmen der Mieterselbstauskunft erhoben. Dazu kommen meist noch finanzielle Daten, die für die Einrichtung eines SEPA-Lastschriftmandates erforderlich sind. Im Verlauf des Mietverhältnisses werden zudem eine Reihe von persönlichen Daten von Mietern erhoben, wie zum Beispiel für die Erstellung der Betriebskostenabrechnung erforderliche Ablesedaten. Daher sind sowohl für private Vermieter als auch große Wohnbaugesellschaften und Immobilienverwaltung die Regelungen der Datenschutzgrundverordnung gleichermaßen von Relevanz. Sollten diese Vorgaben im Umgang mit Mieterdaten nicht beachtet werden, drohen empfindliche Geldstrafen oder Schadensersatzansprüche.

9.1. Die Datenverarbeitung vor, während und nach dem Mietverhältnis

Es dürfen gemäß DSGVO nur für den Abschluss eines Mietvertrages unbedingt erforderliche Daten erhoben und gespeichert werden. In der Regel sind das Informationen, die im Zuge der Anbahnung des Mietverhältnisses, während dessen Laufzeit und bei Vertragsbeendigung relevant sind. Darunter fallen Daten zur Person, Selbstauskünfte des zukünftigen Mieters sowie für die Erstellung von mietrechtlichen Abrechnungen erforderliche Informationen.

9.1.1. Vor dem Mietverhältnis

Vor der Besichtigung einer Immobilie sind der Name des Interessenten und eventuell dessen Kontaktdaten wie Telefonnummer oder E-Mail-Adresse erforderlich. Wenn nach erfolgter Besichtigung der potenzielle Mieter sein Interesse am Abschluss eines Mietvertrages bekundet, sind in weiterer Folge auch Fragen zur finanziellen Leistungsfähigkeit durch den Vermieter erlaubt.

Werden seitens des Vermieters unzulässige Fragen gestellt, so muss der Mietinteressenten nicht wahrheitsgemäß antworten. Unter anderem betrifft das zum Beispiel die Mieterselbstauskunft, welche in manchen Fällen von Vermietern im Zuge einer Erstbesichtigung eines Mietobjekts einholt wird.

Wird der Mietvertrag rechtsverbindlich abgeschlossen, so hat der Vermieter die Pflicht, weitere Daten seines Mieters einzuholen, um die Rechte und Pflichten aus dem Mietverhältnis umsetzen zu können. Grundsätzlich gilt hier ebenso der Grundsatz der Datensparsamkeit. Es werden für die Abwicklung des Vertragsverhältnisses der Vor- und Nachname, die Anschrift des Mieters sowie die Bankverbindung, eventuell mit der Einverständniserklärung für ein SEPA-Lastschriftmandat, benötigt. In einzelnen Fällen ist auch das Geburtsdatum notwendig, um Mieter mit gleichem Namen unterscheiden zu können.

Darüberhinausgehend dürfen Daten nur dann gespeichert werden, wenn sie der Erfüllung des Vertrages dienen. Dies sind zum Beispiel Daten über das aktuelle Dienstverhältnis des Mieters (regelmäßiger Verdienst), die Mitbewohner sowie deren familiäres Verhältnis zum Mieter.

Wenn es zu keinem Mietvertragsabschluss kommt, so muss der Vermieter alle vom Mietinteressenten erhobenen Daten unverzüglich löschen. Eine Ausnahme liegt nur dann vor, wenn der Mieter explizit einer Zustimmung zur Verwendung seiner Daten zum Beispiel zu Werbezwecken erteilt hat.

9.1.2. Während des Mietverhältnisses

Nach Unterzeichnung des Mietvertrages ist der Vermieter jedoch nicht berechtigt, wahllos Daten über seine Mieter einzuholen. Es dürfen zum Beispiel während des Vertragsverhältnisses, ohne explizite Zustimmung des Mieters, keine Fotos oder Filmaufnahmen vom Mietgegenstandes gemacht werden. Einzige Ausnahme wäre hier die erforderliche Dokumentation im Rahmen einer Schadensabwicklung - samt Weitergabe der notwendigen Kontaktdaten an den Professionisten, welcher im Rahmen der ordentlichen Verwaltung den Schaden behebt.

Im Zyklus des Mietverhältnisses ist es ebenso erforderlich, Ablesewerte von Strom, Gas und gegebenenfalls auch von Wasser zu erheben und zu speichern. Diese Dienstleistung wird vom Vermieter in vielen Fällen an Dritte ausgelagert. Den Namen der Ablesefirma muss der Vermieter vor dem Ablesetermin dem Mieter bekanntgeben.

9.1.3. Nach dem Mietverhältnis

Wird das Mietverhältnis beendet, so endet prinzipiell zugleich auch das Recht zur Verarbeitung der vom Mieter zur Verfügung gestellten Daten. Die Pflicht zur Datenlöschung des scheidenden Mieters ist im Grundsatz der Datenminimierung und dem Erforderlichkeitsgrundsatz verankert. An dieser Stelle sind jedoch die zahlreichen, in der DSGVO näher bestimmten Datenaufbewahrungsfristen zu beachten, die für einen Teil der gespeicherten Daten anzuwenden sind. Darunter fallen zum Beispiel die Bundesabgabenordnung (7 Jahre), das Mietrechtsgesetz (10 Jahre) oder das Umsatzsteuergesetz (22 Jahre). Die Löschung der betreffenden Daten wird dadurch zeitlich nicht unwesentlich verzögert.

Der Datenschutz besteht für den Mieter selbst nach dem Ende des Mietverhältnisses. Sollten Daten übermittelt werden, greift hier weiter die Informationspflicht, auch wenn die einzelnen Angaben nur indirekt an eine natürliche Person gebunden sind. Auch finden die Datenschutzbestimmungen Anwendung, wenn es technische oder rechtliche Möglichkeiten gibt, gespeicherte Daten mit dem Betroffenen in Verbindung bringen zu können.

9.2. Die DSGVO am Beispiel von Klingelschildern

Aufgrund der Beschwerde eines Gemeindebaumieters beschloss die Verwaltung der Wiener Gemeindewohnungen, Wiener Wohnen, auf den Klingelschildern für alle bestehenden 220.000 Gemeindebauwohnungen die Namen der Mieter durch die Wohnungsnummern austauschen. Die Erneuerung erfolgte jedoch nicht auf direkte Anweisung der Datenschutzbehörde, sondern wollte die Stadt Wien hiermit schon im Vorfeld etwaige Beschwerden beziehungsweise Anzeigen bei der Datenschutzbehörde aus dem Weg gehen.

Eine solche Anonymisierung ist nach der DSGVO nicht erforderlich, da die Verordnung hier nicht greift. Die DSGVO gilt einzig für elektronische Daten und strukturierte physische Datensammlungen. Die Namensschilder an der Gegensprechanlage unterliegen daher nicht den Regelungen der DSGVO und müssen somit nicht anonymisiert werden. Dies galt auch unter der bereits bestehenden Rechtslage.

Selbst wenn die DSGVO hier anwendbar gewesen wäre, hätte dies am Resultat nichts geändert. Eine Verarbeitung von personenbezogenen Daten ist nach dieser Verordnung speziell dann gestattet, wenn sie sich auf berechtigte Interessen der datenverarbeitenden Stelle (hier des Vermieters) oder eines Dritten stützt. Die Interessen des Datenverarbeiters müssen wichtiger sein, als die Interessen derjenigen, deren Daten erhoben werden. Namen auf den Klingelschildern ermöglichen es nicht nur Besuchern, an der richtigen Tür zu läuten, sondern sie erleichtern auch Zustelldiensten ihre Arbeit und sind unter Umständen bei Polizei- und Rettungseinsätzen lebensrettend.

Das Interesse von Hausbewohnern, anonym zu bleiben, stellt sich somit als geringer dar, sodass personalisierte Klingelschilder auch im Falle der Zulässigkeit der Regelungen der DSGVO keine Regelwidrigkeit darstellen. Nur in höchst seltenen Einzelfällen – zum Beispiel bei Personen im Zeugenschutzprogramm oder Stalkingopfer – überwiegt das Geheimhaltungsinteresse des Mieters und könnte er eine Anonymisierung seines Namens am Klingelschild fordern.

9.3. Die DSGVO am Beispiel von Newslettern

Schon bisher durften Informationsschreiben des Vermieters (zum Beispiel in Form von postalisch übersandten Newslettern) an bestehende Kunden während oder in engem zeitlichem Zusammenhang zum aufrechten Vertrag gesendet werden. Demgegenüber bedarf seit 10 Jahren der Versand von elektronischen Newslettern per E-Mail der Einwilligung des Mieters. Prinzipiell hat sich durch die DSGVO daran nichts geändert. Die einzige relevante inhaltliche Neuerung ist, dass die Einwilligung nachweislich dokumentiert sein muss.

Dabei steht das Beweisthema im Mittelpunkt und nicht die Einwilligung der natürlichen Person selbst. Auch vor dem 25.5.2018 gültig erteilte Zustimmungen wurden somit nicht zwangsläufig rechtsunwirksam. Es liegt vielmehr in der Verantwortung des aussendenden Unternehmens, die Zustimmung im Bedarfsfall auch nachzuweisen zu können.

Dies ist einer der Gründe für die seit 25. Mai 2018 massenhaft versendeten E-Mails mit der Bitte um Bestätigung des Einverständnisses zum Erhalt des Newsletters. Der Hauptgrund dafür liegt allerdings darin, dass bislang E-Mail-Aussendungen vergleichsweise leichtfertig auch an potentielle Kunden ohne deren Einverständnis versandt wurden; eine Praxis, die nun wohl zu Ende sein dürfte.

Eine wirtschaftliche Auswirkung der DSGVO kann auch darin gesehen werden, dass der Kauf von potenziellen Kundendaten zukünftig rechtskonform nicht mehr möglich ist.

10. Resümee

Die neue Regelung hat die Immobilienwirtschaft – und nicht nur diese – entsprechend sensibilisiert, was den Umgang mit Daten und deren Speicherung betrifft. Vor allem Betroffene haben ein „Recht auf Vergessen“ und durch die Informationspflicht des Datenerhebenden, über den sie betreffenden Datenfluss, Auskunft erteilt zu bekommen, eine neue Kontrollmöglichkeit hinzugewonnen. Die Umsetzung der DSGVO in der Praxis ist jedoch mit nicht unerheblichem Aufwand verbunden – vor allem hinsichtlich der Schaffung der personellen Voraussetzungen und der damit verbundenen nicht unerheblichen Kosten.

Auch haben die Verantwortlichen, beziehungsweise diejenigen, die Daten erheben und verarbeiten, nun einheitliche Richtlinien und klarerer Regeln und werden in der Umsetzung der Richtlinie seitens der zuständigen Verbände, Kammern und Behörden unterstützt. Der Nutzen für alle Beteiligten, nämlich die größere Transparenz - welche immer mehr in den Fokus der Wirtschaft rückt - ist somit gewährleistet.

Wie die vorangegangenen Ausführungen zeigen, besteht also vor allem im Bereich der Immobilienwirtschaft nicht immer die Pflicht zur Einholung einer Einwilligung derjenigen, deren Daten erhoben werden, wenn deren personenbezogene Informationen verarbeitet werden sollen.

Differenzierter stellt sich das Bild beim Sammeln von Daten potentieller Kunden für die Vertragsanbahnung - etwa durch Bauträger und Makler für künftige Projekte - dar. Die Informationspflicht des Verantwortlichen hingegen, die dem Betroffenen einen Überblick über die Verarbeitung geben soll, ist jedoch erschöpfend und darf vor allem bei der praktischen Umsetzung nicht außer Acht gelassen werden.

Derzeit wird seitens der Aufsichtsbehörden der Strafrahmen für Verstöße gegen die DSGVO nicht annähernd ausgeschöpft. Generell gibt es aktuell aufgrund der neuen Gesetzeslage kaum Verfahren – unter anderem, weil der Aufsichtsbehörde personelle Ressourcen fehlen, um Unternehmen unterschiedlicher Größen und Branchen einer Prüfung zu unterziehen.

Ebenso ist die befürchtete Abmahnwelle weitgehend ausgeblieben. Auch gab es keine Entwicklung eines entsprechenden Wirtschaftszweiges. Dies ist aber nur auf den ersten Blick verwunderlich. Ist es doch bei Abmahnungen durch branchengleiche, konkurrierende Unternehmen immer auch riskant, selbst in den Fokus einer Prüfung zu kommen. Das größte Risiko besteht noch immer seitens des Betroffenen, wobei diese Beschwerden sich in der Regel rasch aufklären beziehungsweise durch entsprechende Maßnahmen beheben lassen.

Der Grundgedanke, die Betroffenen vor missbräuchlicher Verwendung von Daten durch große Unternehmen wie zum Beispiel Facebook, Amazon und Google, zu schützen, ist jedoch aufgrund des Verbots von Sammelklagen in seiner Wirkung ausgehebelt worden.

Literaturverzeichnis

Brand Rechtsanwälte, *Präsentation DSGVO für Immobilienmakler & Immobilien-verwalter*, Stand 15.03.2018

Einzinger, J. T. 2016. *Die EU-Datenschutz-Grundverordnung und ihre Umsetzung in Österreich bis 2018.* Diplomarbeit, Institut für Europarecht. Linz

Feiler, L. und B. Horn, 2018. *100 Praxisfragen und Antworten zur DSGVO.* Wien: Verlag Österreich GmbH

Knyrim, D. R., 2016. *Datenschutzgrundverordnung.* Wien: Manz'sche Verlags- und Universitätsbuchhandlung GmbH.

Knyrim, D. R., 2017. *Datenschutz Konkret. Das neue Datenschutzgesetz*. Wien: Manz'sche Verlags- und Universitätsbuchhandlung GmbH, 4/2017.

Knyrim, D. R., 2018. *Datenschutz Konkret. Kinder/Schüler und Datenschutz*. Wien: Manz'sche Verlags- und Universitätsbuchhandlung GmbH, 1/2018.

Knyrim, D. R., 2018. *Datenschutz Konkret. Einblick in die DSB*. Wien: Manz'sche Verlags- und Universitätsbuchhandlung GmbH, 4/2018.

Knyrim, D. R., 2018. *Datenschutz Konkret. Strafen in der DSGVO.* Wien: Manz'sche Verlags- und Universitätsbuchhandlung GmbH, 5/2018.

Kommentar ÖVI, 2018. ÖVI News. *„Aus der Rubrik wunderliche Blüten der DSGVO“* Wien: Aktuelle Information des Verbandes der Immobilien-wirtschaft, Seite 19, 04/2018

Pircher, S. 2018. ÖVI News. *Facebook-Seiten („Fanpages“) und die DSGVO – Land in Sicht?* Wien: Aktuelle Information des Verbandes der Immobilien-wirtschaft, Seite 18, 04/2018

Pollirer/Weiss/Knyrim/Haidinger 2017; *DSGVO* Datenschutz-Grundverordnung Sonderausgabe. Wien: Manz'sche Verlags- und Universitätsbuchhandlung GmbH

Schweiger, T. 2017. *ÖVI News. Immobilientreuhänder & personenbezogene Daten… was ändert sich mit der DSGVO ab 25. Mai 2018.*
Wien: Aktuelle Information des Verbandes der Immobilienwirtschaft, Seite 4, 03/2017

Schweiger, T., 2018. *ÖVI News. NEU: Datenschutz-Folgenabschätzung für Videoüberwachungen.* Wien: Aktuelle Information des Verbandes der Immobilienwirtschaft, Seite 17, 04/2018

Anhang

Anhang 1: Muster eines Verarbeitungsverzeichnisses, Österreichischer Verband der Immobilientreuhänder, VV Art 30 Hausverwaltung ÖVI Muster 03.2018

Nr	verantwortliche Person im Unternehmen	Kurz-bezeichnung	Zweck	Betroffenengruppe	Datenkategorien	Empfänger intern	Empfänger extern	Übermittlung Dritt-staaten	Löschfrist / Aufbewahrungsdauer	TOMs (Abweichungen)	Rechtsgrundlage*	Herkunft*
Hausverwaltung(en)												
1		Hausverwaltung	Verarbeitung und Übermittlung von Daten im Rahmen der Verwaltung von Objekten für Dritte, einschließlich automationsunterstützt erstellter und archivierter Textdokumente (wie z. B. Korrespondenz) in diesen Angelegenheiten.	Mieter- und Wohnungseigentümer (bzw. allenfalls angegebene Kontaktpersonen zur Abwicklung der Leistung) Auftraggeber (Eigentümer von vermieteten Objekten, dh Wohnungseigentümer, Miteigentümer, sonstige Berechtigte) Interessenten (ohne Vertragsabschluss) Lieferanten und sonstige Professionisten mit Bezug auf Objekte (für allg Leistungen) an der Geschäftsabwicklung notwendigerweise interessierte Personen (Buchberechtigte, Personen, die im Auftrag von Interessenten handeln) Sachbearbeiter oder Kontaktperson beim Verantwortlichen (Personen, die Kunden oder Auftraggeber bzw. allgemeine Lieferanten betreuen bzw. deren Daten verwenden) sonstige an der Geschäftsabwicklung beteiligte Dritte Kontaktperson (bei Kunden, Interessenten, Auftraggebern, Lieferanten ...) Mietinteressent	individuelles Kennzeichen (vom Verantwortlichen vergeben) Stammdaten (Name, Registerdaten, sonstige Daten, die zur Identifizierung erforderlich sind) Kontaktdaten (Daten, die dazu dienen, mit der Person in Kontakt zu bleiben, wie insbes. Adressdaten) Kommunikationsdaten (Daten, die dazu dienen, mit der Person auf unterschiedl. Arten zu kommunizieren, zB Telefon, Mobiltelefon, Email) Daten über die Identität Daten über die Bonität Daten über das Geschäftsverhältnis (insbes. der Objektdaten, Vertragsdaten, Korrespondenz, Konto- und Zahlungsdaten, Inkassodaten, Daten über Aufteilung, Abrechnungen, Belege etc. .) Daten über die Leistungserbringung in Zusammenhang mit verwalteten	Abteilungen, die mit der Geschäftsabwicklung befasst sind, zB Rechnungswesen Marketing-Abteilung	an der Geschäftsabwicklung beteiligte Dritte: (potentielle) Vertragspartner (Mit- und Wohnungseigentümer der Liegenschaft) an der Geschäftsabwicklung notwendigerweise teilnehmende Personen, Finanzierungsunternehmen, private und öffentliche Stellen, die Informationen zu Objekten bekannt geben können oder benötigen (zB Rauchfangkehrer), beauftragte Professionisten/Dienstleister (zB für die Schadensbehebung) Rechtsvertreter, Steuerberater, Wirtschaftsprüfer Finanzamt und sonstige Behörden Banken Versicherungen Makler,Interessenten, Käufer, Investoren (im Rahmen des beabsichtigten Verkaufes der Liegenschaft)	nein	während der Dauer des Vertragsverhältnisses zwischen dem Auftraggeber sowie dessen Kunden 7 Jahre nach Ende des Geschäftsjahres, in dem die Daten angefallen sind (§ 132 BAO) und darüberhinaus zur Geltendmachung von Ansprüchen oder Abwehr von Ansprüchen (z.B. auch bei steuerlichen Fragen) bis max. 30 Jahre	keine	Vertragsverhältnis gesetzliche Verpflichtung berechtigtes Interesse (insbesondere bei Interessenten im Falle beabsichtigten Verkaufs der Liegenschaft)	von der betroffenen Person mitgeteilt im Zusammenhang mit der Geschäftsbeziehung erhoben vom Eigentümer/Verwaltung Makler

VV Art 30 Hausverwaltung ÖVI Muster 03.2018 Seite 1 — 15.02.2019 — Version 1.0

Nr	verantwortliche Person im Unternehmen	Kurz-bezeichnung	Zweck	Betroffenengruppe	Datenkategorien	Empfänger intern	Empfänger extern	Übermittlung Drittstaaten	Löschfrist / Aufbewahrungsdauer	TOMs (Abweichungen)	Rechtsgrundlage*	Herkunft*
2		Vorschreibung	Vorschreibung und Abrechnung von Leistungen in Zusammenhang mit den verwalteten Objekten	Mieter- und Wohnungseigentümer Auftraggeber (Eigentümer von vermieteten Objekten, dh Wohnungseigentümer, Miteigentümer, sonstige Berechtigte) Professionisten im Rahmen der Leistungserbringung bzw. Anfragen	individuelles Kennzeichen (vom Verantwortlichen vergeben) Stammdaten (Name, Registerdaten, sonstige Daten, die zur Identifizierung erforderlich sind) Kontaktdaten (Daten, die dazu dienen, mit der Person in Kontakt zu bleiben, wie insbes. Adressdaten) Kommunikationsdaten (Daten, die dazu dienen, mit der Person auf unterschiedl. Arten zu kommunizieren, zB Telefon, Mobiltelefon, Email) Daten über die Identität Daten über die Bonität Daten über das Geschäftsverhältnis (insbes. der Objektdaten, Vertragsdaten, Korrespondenz, Konto- und Zahlungsdaten, Inkassodaten, Daten über Aufteilung, Abrechnungen, Belege etc...) Daten über die Leistungserbringung in Zusammenhang mit verwalteten	Abteilungen, die mit der Geschäftsabwicklung befasst sind, zB Rechnungswesen Marketing-Abteilung	an der Geschäftsabwicklung beteiligte Dritte: (potentielle) Vertragspartner (Mit- und Wohnungseigentümer der Liegenschaft) an der Geschäftsabwicklung notwendigerweise teilnehmende Personen, Finanzierungsunternehmen, private und öffentliche Stellen, die Informationen zu Objekten bekannt geben können oder benötigen (zB. Rauchfangkehrer), beauftragte Professionisten/Dienstleister (zB für die Schadensbehebung) Rechtsvertreter, Steuerberater, Wirtschaftsprüfer Finanzamt und sonstige Behörden Banken Versicherungen Makler,Interessenten, Käufer, Investoren (im Rahmen des beabsichtigten Verkaufes der Liegenschaft)	nein	während der Dauer des Vertragsverhältnisses zwischen dem Auftraggeber sowie dessen Kunden 7 Jahre nach Ende des Geschäftsjahres, in dem die Daten angefallen sind (§ 132 BAO) und darüberhinaus zur Geltendmachung von Ansprüchen oder Abwehr von Ansprüchen (z.B. auch bei steuerlichen Fragen) bis max. 30 Jahre	keine	Vertragsverhältnis gesetzliche Verpflichtung berechtigtes Interesse (insbesondere bei Interessenten im Falle beabsichtigten Verkaufs der Liegenschaft)	von der betroffenen Person mitgeteilt im Zusammenhang mit der Geschäftsbeziehung erhoben vom Eigentümer/Vorverwaltung Makler

Nr	verantwortliche Person im Unternehmen	Kurzbezeichnung	Zweck	Betroffenengruppe	Datenkategorien	Empfänger intern	Empfänger extern	Übermittlung Drittstaaten	Löschfrist / Aufbewahrungsdauer	TOMs (Abweichungen)	Rechtsgrundlage*	Herkunft*
3		Hausbesorger-abrechnung	Abrechnungen von Hausbesorgern und Hausbetreuern im Zusammenhang mit verwalteten Objekten inkl. Korrespondenz und Dokumentation sämtlicher Abläufe	Hausbesorger / Hausbetreuer	Individuelles Kennzeichen (vom Verantwortlichen vergeben) Stammdaten (Name, Registerdaten, sonstige Daten, die zur Identifizierung erforderlich sind) Kontaktdaten (Daten, die dazu dienen, mit der Person in Kontakt zu bleiben, wie insbes. Adressdaten) Daten über die Vertragsabwicklung Wert der Dienstwohnung Vertretungsdaten Daten über das Geschäftsverhältnis (insbes. der Objektdaten, Vertragsdaten, Korrespondenz, Zahlungsdaten, Inkassodaten) Daten über die Leistungserbringung in Zusammenhang mit verwalteten Objekten Kenn-Nummern für statistische Zwecke Sperrkennzeichen	Abteilungen, die mit der Geschäftsabwicklung befasst sind, zB Rechnungswesen	Eigentümer/Dienstgeber Krankenkasse Geldinstitute Finanzamt	nein	während der Dauer des Vertragsverhältnisses mit dem Auftraggeber 7 Jahre nach Ende des Geschäftsjahres, in dem die Daten angefallen sind (§ 132 BAO) und darüberhinaus zur Geltendmachung von Ansprüchen oder Abwehr von Ansprüche (z.B. auch bei steuerlichen Fragen) max. 30 Jahre	keine	Vertragsverhältnis gesetzliche Verpflichtung	von der betroffenen Person mitgeteilt im Zusammenhang mit der Geschäftsbeziehung erhoben Eigentümer bzw. Vorverwaltung

Nr	verantwortliche Person im Unternehmen	Kurz-bezeichnung	Zweck	Betroffenengruppe	Datenkategorien	Empfänger intern	Empfänger extern	Über-mittlung Dritt-staaten	Löschfrist / Aufbewahrungsdauer	TOMs (Abweichungen)	Rechtsgrundlage*	Herkunft*
4		Login-Abfrage	beschränkte passwortgeschützte online-Abfragemöglichkeit über liegenschaftsbezogene Informationen der laufenden Verwaltung (login-Bereich für Kunden)	Kunden (Auftraggeber, Mieter)	Name Anschrift Passwort/Benutzerkennwort Verwaltungsvereinbarungen liegenschaftsbezogene Informationen zur laufenden Verwaltung	Abteilungen, die mit der Geschäftsabwicklung befasst sind, zB Rechnungswesen, IT	Hauseigentümer Wohnungseigentümer Mieter	nein	während der Dauer des Vertragsverhältnisses mit zwischen dem Auftraggeber sowie dessen Kunden 7 Jahre nach Ende des Geschäftsjahres, in dem die Daten angefallen sind (§ 132 BAO) und darüberhinaus zur Geltendmachung von Ansprüchen oder Abwehr von Ansprüche (z.B. auch bei steuerlichen Fragen) max. 30 Jahre	keine	Vertragsverhältnis	von der betroffenen Person mitgeteilt im Zusammenhang mit der Geschäftsbeziehung erhoben vom Eigentümer/Vorverwaltung

Auftraggeber- und Lieferantenverwaltung

Nr	verantwortliche Person im Unternehmen	Kurzbezeichnung	Zweck	Betroffenengruppe	Datenkategorien	Empfänger intern	Empfänger extern	Übermittlung Drittstaaten	Löschfrist / Aufbewahrungsdauer	TOMs (Abweichungen)	Rechtsgrundlage*	Herkunft*
5		Verwaltung von Auftraggebern und Lieferanten	Verarbeitung und Übermittlung von Daten im Rahmen der **generellen** Tätigkeit des Unternehmens, einschließlich automationsunterstützt erstellter und archivierter Textdokumente (wie z. B. Korrespondenz) in diesen Angelegenheiten.	Kunden (mit Vertragsabschluss) Interessenten (ohne Vertragsabschluss) Auftraggeber (Eigentümer, Vermieter) an der Geschäftsabwicklung notwendigerweise interessierte Personen (Buchberechtigte, Personen, die im Auftrag von Interessenten handeln) Lieferanten (für allg Leistungen) Sachbearbeiter oder Kontaktperson beim Verantwortlichen (Personen, die Kunden oder Auftraggeber bzw. allgemeine Lieferanten betreuen bzw. deren Daten verwenden) sonstige an der Geschäftsabwicklung beteiligte Dritte Kontaktperson (bei Kunden, Interessenten, Auftraggebern, Lieferanten ...) Zustell- oder Leistungsadressen Fremd- oder Eigenkapitalgeber des Verantwortlichen (im Rahmen von Berichtspflichten)	individuelles Kennzeichen (vom Verantwortlichen vergeben, zB Kunden- oder Auftraggebernummer) Stammdaten (Name, Registerdaten, sonstige Daten, die zur Identifizierung erforderlich sind) Kontaktdaten (Daten, die dazu dienen, mit der Person in Kontakt zu bleiben, wie insbes. Adressdaten) Kommunikationsdaten (Daten, die dazu dienen, mit der Person auf unterschiedl Arten zu kommunizieren, zB Telefon, Mobiltelefon, Email) Sperrkennzeichen Daten über das Geschäftsverhältnis (insbes. der Objektdaten, Besichtigungsdaten etc...) Angaben zur Bonität Kenn-Nummern für statistische	Abteilungen, die mit der Geschäftsabwicklung befasst sind, zB Rechnungswesen Marketing-Abteilung	an der Geschäftsabwicklung beteiligte Dritte: (an der Geschäftsabwicklung notwendigerweise beteiligte Personen, potentielle Vertragspartner, Finanzierungsunternehmen, Banken Rechtsvertreter, Steuerberater, Wirtschaftsprüfer Finanzamt und sonstige Behörden Versicherungen Konzernunternehmen des Verantwortlichen Auftragsverarbeiter, die für den Verantwortlichen tätig sind (IT-Servicedienstleister, Zusteller etc.)	nein	während der Dauer des Vertragsverhältnisses zwischen dem Auftraggeber sowie dessen Kunden und nach Beendigung dessen zumindest weitere 7 Jahre nach Ende des Geschäftsjahres, in dem die Daten angefallen sind (§ 132 BAO) und darüberhinaus zur Geltendmachung von Ansprüchen oder Abwehr von Ansprüchen (z.B. auch bei steuerlichen Fragen) bis max. 30 Jahre.	keine	Vertragsverhältnis gesetzliche Verpflichtung	von der betroffenen Person mitgeteilt im Zusammenhang mit der Geschäftsbeziehung erhoben Eigentümer/Verwaltung
Rechnungswesen												

Nr	verantwortliche Person im Unternehmen	Kurzbezeichnung	Zweck	Betroffenengruppe	Datenkategorien	Empfänger intern	Empfänger extern	Übermittlung Drittstaaten	Löschfrist / Aufbewahrungsdauer	TOMs (Abweichungen)	Rechtsgrundlage*	Herkunft*
6	Finanz-abteilung	Rechnungs-wesen	Rechnungswesen Verarbeitung und Übermittlung von Daten im Rahmen einer Geschäftsbeziehung mit Kunden und Lieferanten, einschließlich automationsunterstützt erstellter und archivierter Textdokumente (wie z. B. Korrespondenz) in diesen Angelegenheiten.	Sachbearbeiter Debitoren Kreditoren Kontaktpersonen Vertreter sonstige Zahlungsempfänger sonstige Einzahler Sicherheitengeber	Individuelles Kennzeichen Rolle (in der DV) Stammdaten Kontaktdaten Kommunikationsdaten Ansprechpartner Vertragsdaten Lieferdaten Abrechnungsdaten Buchungs- und Belegdaten Konditionen Kostenstelle Bonusdaten steuerlich relevanten Daten (z.B. UID, Betriebsstätte) Bankverbindungen Belege Angaben zur Bonität Klassifizierungen Sperrkennzeichen Logistik- und Zustellinformationen Statistik-Daten (Branche)	zuständige Fachabteilung	Banken im Zahlungsverkehr Steuerberater Rechtsvertreter Finanzamt und sonstige Behörden Versicherungen Auftragsverarbeiter bei der Leistungserbringung	nein, nur wenn eine Leistung in einem Drittland erbracht wird (Standardvertrags-klausel(n))	Bis zur Beendigung der Geschäftsbeziehung oder bis zum Ablauf der für den Auftraggeber geltenden Garantie-, Gewährleistungs-, Verjährungs- und gesetzlichen Aufbewahrungsfristen; darüberhinaus bis zur Beendigung von allfälligen Rechtsstreitigkeiten, bei denen die Daten als Beweis benötigt werden. 7 Jahre nach Ende des Geschäftsjahres, in dem die Daten angefallen sind (§ 132 BAO) und darüberhinaus zur Geltendmachung von Ansprüchen oder Abwehr von Ansprüche (z.B. auch bei steuerlichen Fragen)	keine	Vertrag, Vertragsanbahnung gesetzliche Verpflichtung (insbes. Aufbewahrung 7 Jahre) berechtigtes Interesse	
Marketing												
7	Marketing	Marketing für eigene Zwecke	Kundengewinnung und Kundenbetreuung	Kunden aktive Interessenten passive Interessenten Kontaktperson	Individuelles Kennzeichen Stammdaten Kontaktdaten Kommunikationsdaten Sperrkennzeichen Interessen Klassifizierung (z.B. nach Kaufkraft) Antwort- und Reaktionsverhalten auf Marketingmaßnahmen Teilnahme an Veranstaltungen Betreuungsdaten (Werbemittel, Rhythmus) Verhalten bei Geschäftsfällen	zuständige Fachabteilung (z.B. Vertrieb)		nein	3 Jahre nach dem letzten Kontakt	keine	Vertrag, Vertragsanbahnung berechtigtes Interesse	von der betroffenen Person im Rahmen einer Vertragsanbahnung/-abwicklung aus öffentlichen Quellen

Nr	verantwortliche Person im Unternehmen	Kurz-bezeichnung	Zweck	Betroffenengruppe	Datenkategorien	Empfänger intern	Empfänger extern	Über-mittlung Dritt-staaten	Löschfrist / Aufbewahrungsdauer	TOMs (Abweichungen)	Rechtsgrundlage*	Herkunft*
8	Marketing	Newsletter	Information von Kunden durch Newsletter	Abonennten	individuelles Kennzeichen Stammdaten Kontaktdaten Kommunikationsdaten Sperrkennzeichen Interessen Klassifizierung (z.B. nach Kaufkraft) Antwort- und Reaktionsverhalten auf Marketingmaßnahmen Teilnahme an Veranstaltungen Betreuungsdaten (Werbemittel, Rhythmus) Verhalten bei Geschäftsfällen	zuständige Fachabteilung (z.B. Vertrieb)	Makler,Interessenten, Käufer, Investoren (im Rahmen des beabsichtigten Verkaufes der Liegenschaft)	nein	3 Jahre nach dem letzten Kontakt	keine	Einwilligung § 107 (3) TKG - bei Bestandskunden	von der betroffenen Person
9	Marketing	Website-Analyse	Website-Analyse-Tool Auswertung der Websitenutzung Reportzusammenstellung Sicherstellung der IT- und Netzwerksicherheit	Besucher der Website	Cookies IP-Adresse (anonymisiert) Art des Browser Plug-ins Gerätetyp und -ID Land des Zugriffs landing-page besuchte Seiten angesehene und gesuchte Produkte Verlauf Dauer des Besuches Aktivitäten auf der Website	IT-Security-Abteilung Konzernunternehmen		ja, USA (Google Inc.) Auftragsverarbeitungsvereinbarung	1 Jahr nach Speicherung der Daten	keine	berechtigtes Interesse	Website (öffentlich)
10	Marketing	Cookies (Website)	Cookies zur Ausspielung von Banner-Werbung und sonstiger Werbung auf Websiten	Besucher der Website	Cookies IP-Adresse (anonymisiert) landing-page personalisierte Werbung besuchte Seiten Verlauf Dauer des Besuches Aktivitäten auf der Website	IT-Security-Abteilung	Hausverwaltung im Rahmen der Übergabe von Verwaltungsagenden	nein	1 Jahr nach Speicherung der Daten	keine	berechtigtes Interesse Einwilligung (lt. ECRL, cookies-Einwilligung)	Website (öffentlich)
Personalwesen												

VV Art 30 Hausverwaltung ÖVI Muster 03.2018 Seite 7 13.02.2019 Version 1.0

Nr	verantwortliche Person im Unternehmen	Kurz-bezeichnung	Zweck	Betroffenengruppe	Datenkategorien	Empfänger intern	Empfänger extern	Über-mittlung Dritt-staaten	Löschfrist / Aufbewahrungsdauer	TOMs (Abweichungen)	Rechtsgrundlage*	Herkunft*
11	Personalleitung	Personalverwaltung	Verwaltung der Beschäftigten im Rahmen des Beschäftigungsverhältnisses	Mitarbeiter dh: Arbeitnehmer, arbeitnehmerähnliche Personengruppen, Leiharbeitnehmer, freie Dienstnehmer, Lehrlinge, Volontäre und Ferialpraktikanten (auch ehemalige Beschäftigte) Organe (und deren Mitglieder) und sonstige Funktionsträger von juristischen Personen und Personengemeinschaften, soweit sie nicht Beschäftigte (siehe oben) sind (umfasst auch ehemalige Organe und Funktionsträger)	Personalnummer Stammdaten Kontaktdaten Kommunikationsdaten Lebenslauf Personenstand Familienangehörige (soweit in Verbindung mit dem Arbeitsverhältnis, z.B. Kinder, Unterhaltsberechtigte) gesetzliche Vertreter Beginn und Ende, Vordienstzeiten, Endigungsart Abteilung (Organisatorische Zuordnung, Kostenstelle) gesetzliche Beschäftigungsvoraussetzungen Gruppen- und Betriebszugehörigkeit (Arbeiter/Angestellte) Kammer- und Gewerkschaftszugehörigkeit (Achtung: Art 9) Bankverbindung Gehalts- und Lohndaten (inkl. Sachbezügen und anderen entgeltsrelevanten Daten) Daten über Zulagen und deren Bezahlung	unterschiedliche Abteilungen je nach den betrieblichen organisatorischen Notwendigkeiten	Konzernunternehmen des Verantwortlichen	nein	7 Jahre nach Ende des Geschäftsjahres, in dem die Daten angefallen sind (§ 132 BAO) und darüberhinaus zur Geltendmachung von Ansprüchen oder Abwehr von Ansprüche (z.B. auch bei steuerlichen Fragen)	keine	Vertrag gesetzliche Verpflichtung	von der betroffenen Person im Rahmen des Beschäftigungsverhältnis erhoben
12					Tätigkeitsbeschreibung Arbeitszeitaufzeichnung Abwesenheiten (insbes. Urlaub, Krankenstand, berechtigte Abwesenheiten, Mutterschutz, Karenz, Präsenzdienst, Kuren) Daten zur Entgeltsfortzahlung Krankenstandsaufzeichnungen notwendige Sozialversicherungsdaten Religionsbekenntnis (Achtung: Art 9) Schwerarbeitszeiten Arbeitsunfälle Daten gem. ArbeitnehmerInnenschutzG Grad einer eventuellen Behinderung (BEinstG) Sicherheitsstufe Lichtbild und Ausweisdaten Gültigkeitsdauer des Ausweises Sicherheitsunterweisungen und sonstige Unterweisungen (inkl. Datenschutzschulungen) mit Dokumentation							

Nr	verantwortliche Person im Unternehmen	Kurz-bezeichnung	Zweck	Betroffenengruppe	Datenkategorien	Empfänger intern	Empfänger extern	Übermittlung Drittstaaten	Löschfrist / Aufbewahrungsdauer	TOMs (Abweichungen)	Rechtsgrundlage*	Herkunft*
13	Personalleitung	Bewerber	Abwicklung von Bewerbungen	Bewerber	Personalnummer Stammdaten Kontaktdaten Kommunikationsdaten Lebenslauf Lichbild Personenstand sonstige Angaben des/der Bewerbers/in Ausbildungsdaten Berufserfahrung besondere Kenntnisse und	zuständige Abteilung, für die die Stelle ausgeschrieben ist	Auftragsverarbeiter, die für den Verantwortlichen tätig sind (IT-Servicedienstleister, Zusteller)	nein, nur bei Einwilligung durch den/die Bewerber/in - Standardvertragsklauseln sind mit den	6 Monate und 2 Wochen nach Mitteilung über die Absage	keine	Vertragsanbahnung	von der betroffenen Person
14	Personalleitung	Dienstzeugnis	Speicherung der notwendigen Daten für die Erstellung eines Dienstzeugnisses	Mitarbeiter	Beginndatum, Enddatum, Tätigkeitsbeschreibung	zuständige Fachabteilung		nein	30 Jahre nach Beendigung des Dienstverhältnisses	keine	Vertrag gesetzliche Verpflichtung	im Zuge des Arbeitsverhältnisses erhoben
technische Objektsicherheit							Stellen, die öffentliche Statistiken auf gesetzlicher Basis erstellen					
15	Objekt-sicherheit	Videoüberwachung	Dokumentation und Aufklärung von Sachbeschädigungen	Personen, die sich im überwachten Bereich aufhalten Mitarbeiter, die sich im überwachten Bereich aufhalten Personen, die im Anlassfall identifiziert werden	Bilddaten Ort Zeit Identität Rolle	Geschäftsleitung Abteilung Versicherungen	Eigentümer, Vermieter Versicherung Sicherheitsbehörden Rechtsvertreter Gerichte	nein	72 Stunden, außer im Anlassfall	keine	berechtigtes Interesse Betriebsvereinbarung / Individualvereinbarung (Mitarbeiter)	von betroffener Persc
16	Objekt-sicherheit	Zutrittskontrolle	Absicherung des Zuganges und Sicherstellung, dass nur berechtige Personen Zutritt haben	berechtigte Personen (Eigentümer, Mieter ...) Besucher sonstige Personen, die den zutrittskontrollierten Bereich betreten	Bilddaten (eventuell / als Referenz) Ort Zeit Identität Rolle Sicherheitsunterweisung	zuständige Fachabteilung	Eigentümer, Vermieter Versicherung Sicherheitsbehörden Rechtsvertreter Gerichte	nein	3 Jahre nach letzem Zutritt	keine	berechtigtes Interesse Einwilligung	von betroffener Perso

Anhang 2: EU-Datenschutz-Grundverordnung Muster eines Datenverarbeitungsverzeichnisses nach Art 30 Abs. 1 EU-Datenschutz-Grundverordnung (DSGVO) für Verantwortliche, Wirtschaftskammern Österreichs, Stand: 24. Juli 2018 Quelle: https://www.wko.at/service/wirtschaftsrecht-gewerberecht/eu-dsgvo-muster-verarbeitungsverzeichnis-verantwortliche.html

WIRTSCHAFTSRECHT

WKO

WIRTSCHAFTSKAMMERN ÖSTERREICHS

EU-DATENSCHUTZ-GRUNDVERORDNUNG (DSGVO):

MUSTER EINES DATENVERARBEITUNGSVERZEICHNISSES NACH ART 30 ABS. 1 EU-DATENSCHUTZ-GRUNDVERORDNUNG (DSGVO) FÜR VERANTWORTLICHE

Die Experten der Wirtschaftskammern Österreichs haben für ihre Mitgliedsbetriebe nachstehendes Muster eines Datenverarbeitungsverzeichnisses nach Art 30 Abs. 1 EU-Datenschutz-Grundverordnung (DSGVO) für **Verantwortliche** erstellt.

Als Ausfüllhilfe ist ein bereits ausgefülltes fiktives Beispiel unter Anwendungsbeispiel für Verantwortliche" (PDF-Version) im Download-Bereich verfügbar.

Das hinterlegte Wasserzeichen „Muster" kann einfach aus dem Word-Dokument entfernt werden.

Stand: Juli 2018

Dies ist ein **Produkt der Zusammenarbeit aller Wirtschaftskammern.**
Bei Fragen wenden Sie sich bitte an die Wirtschaftskammer Ihres Bundeslandes:
Burgenland, Tel. Nr.: 05 90907, Kärnten, Tel. Nr.: 05 90904, Niederösterreich Tel. Nr.: (02742) 851-0, Oberösterreich, Tel. Nr.: 05 90909, Salzburg, Tel. Nr.: (0662) 8888-0, Steiermark, Tel. Nr.: (0316) 601-0, Tirol, Tel. Nr.: 05 90905-1111, Vorarlberg, Tel. Nr.: (05522) 305-0, Wien, Tel. Nr.: (01) 51450-1615,
Hinweis! Diese Information finden Sie auch im Internet unter http://wko.at/datenschutz. Alle Angaben erfolgen trotz sorgfältigster Bearbeitung ohne Gewähr. Eine Haftung der Wirtschaftskammern Österreichs ist ausgeschlossen. Bei allen personenbezogenen Bezeichnungen gilt die gewählte Form für beide Geschlechter!

Datenverarbeitungsverzeichnis nach Art 30 Abs 1 EU-Datenschutz-Grundverordnung (DSGVO)
(Verantwortlicher)

Inhalt

A. Stammdatenblatt: Allgemeine Angaben
B. Datenverarbeitungen/Datenverarbeitungszwecke
C. Detailangaben zu den einzelnen Datenverarbeitungszwecken
D. Allgemeine Beschreibung organisatorisch-technischer Maßnahmen

A. Stammdatenblatt

Name und Kontaktdaten des (der) für die Verarbeitung (gemeinsam) Verantwortlichen

a. Name(n) und Anschrift(en):

b. E-Mail-Adresse(n) (und allenfalls weitere Kontaktdaten wie zB Tel.Nr.):

c. Name und Kontaktdaten (Anschrift, E-Mail und allenfalls weitere Kontaktdaten wie zB Tel.Nr.) des Datenschutzbeauftragten[1]:

d. Name und Kontaktdaten (Anschrift, E-Mail und allenfalls weitere Kontaktdaten wie zB Tel.Nr.) des Vertreters des (der) Verantwortlichen:[2]

---

[1] Sofern ein Datenschutzbeauftragter verpflichtend oder auf freiwilliger Basis bestellt wurde.
HINWEIS: Wenn keine Verpflichtung zur Bestellung eines Datenschutzbeauftragten besteht, der Verantwortliche aber freiwillig einen bestellen möchte, müssen trotzdem alle den Datenschutzbeauftragten betreffenden Bestimmungen der DSGVO eingehalten werden; möchte man das nicht, darf die bestellte Person nicht „*Datenschutzbeauftragter*" genannt werden, sondern sollte eine andere Bezeichnung gewählt werden (zB „*Datenschutzkoordinator*"). Dieser kann, muss aber nicht ins Verarbeitungsverzeichnis aufgenommen werden. Siehe dazu das WKO-Merkblatt „Datenschutzbeauftragter".

[2] Darunter sind Vertreter von nicht in der EU niedergelassenen Verantwortlichen zu verstehen.

B. Datenverarbeitungen/Datenverarbeitungszwecke

1. Zwecke und Beschreibung der Datenverarbeitung[3]:

1.
2.
3.
4.
5.
6.
7.
8.
9.

usw.

2. Wurde eine Datenschutz-Folgenabschätzung durchgeführt?[4]

Ja ☐ **Nein** ☐

Wenn Ja, wann?

Wenn Nein, aus welchem Grund nicht?[5]

[3] Zum Begriff „Verarbeitung" siehe das Merkblatt „Wichtige Begriffsbestimmungen"; sollten Daten auch an „Dritte" oder an Auftragsverarbeiter übermittelt werden, sind auch die Zwecke dieser Datenübermittlungen im Verarbeitungsverzeichnis zu dokumentieren.

[4] Zur Datenschutz-Folgenabschätzung siehe das Merkblatt „Datenschutz-Folgenabschätzung". Im Verarbeitungsverzeichnis sind zwar Angaben zur Datenschutz-Folgenabschätzung nicht zwingend vorgesehen. Aus Gründen der Rechenschaftspflicht empfehlen sich aber grundsätzliche Angaben darüber auch ins Verarbeitungsverzeichnis aufzunehmen.

[5] Eine Datenschutz-Folgenabschätzung ist nicht durchzuführen, wenn durch die Datenverarbeitung voraussichtlich kein hohes Risiko für die Rechte der Betroffenen besteht oder die Datenverarbeitungsart in der sogenannten „white list" der Datenschutzbehörde gelistet ist; Näheres dazu siehe auch das Merkblatt „Datenschutz-Folgenabschätzung" und „Prüfschema Internationaler Datenverkehr".

C. Detailangaben zu ..... *(Einfügung der konkreten Datenverarbeitung aus dem B-Blatt, zB des Datenverarbeitungszweckes „Rechnungswesen“; das C-Blatt kann dann für jede der im B-Blatt angegebenen Datenverarbeitungszwecke verwendet werden, ohne dass die allgemeinen Angaben aus dem A- und B-Blatt wiederholt werden müssen)*

1. Kategorien der betroffenen Personen

Lfd.Nr.	*Beschreibung der Kategorien betroffener Personen (zB Kunden, Mitarbeiter, Lieferanten usw.)*
1	*zB Kunden*
2	*zB Mitarbeiter*
3	*zB Lieferanten*
4	usw.

2. Rechtsgrundlagen[6]

3. Verträge , Zustimmungserklärungen oder sonstige Unterlagen (zB Erledigung der Informationspflichten[7]) sind abgelegt:[8] (freiwillig)

4. Kategorien der verarbeiteten Daten und Löschungs- bzw. Aufbewahrungsfristen[9]

a. Kategorien der verarbeiteten Daten und ankreuzen, ob sie an Empfänger[10] übermittelt werden

---

[6] Die Rechtsgrundlagen (zB rechtliche Verpflichtung, Einwilligung, Vertragserfüllung, lebenswichtige Interessen des Betroffenen, kein überwiegendes berechtigtes Interesse des Betroffenen) sind nach der DSGVO zwar nicht verpflichtend ins Verarbeitungsverzeichnis aufzunehmen. Allerdings unterliegt der verantwortliche Verarbeiter einer sogenannten Rechenschaftspflicht. Diese besagt eine Nachweispflicht bzgl. der Einhaltung der Pflichten nach der DSGVO. Dazu gehört unter anderem auch der Nachweis, dass die Datenverarbeitung nach den in der DSGVO normierten Rechtmäßigkeitsgrundlagen erfolgt. Siehe das Merkblatt „Grundsätze und Rechtmäßigkeit der Verarbeitung“.

[7] Siehe zu den Informationspflichten das Merkblatt „Informationspflichten“.

[8] Die Angabe, wo die Unterlagen innerhalb der Organisation abgelegt wurden, ist nicht verpflichtend im Verarbeitungsverzeichnis zu dokumentieren, erleichtert aber vor allem in größeren, arbeitsteilig organisierten Organisationen das Auffinden der entscheidenden Unterlagen (dient also lediglich der innerbetrieblichen Arbeitserleichterung).

[9] Nach der DSGVO sind die Löschfristen bzw. Aufbewahrungsfristen nach Möglichkeit ins Verarbeitungsverzeichnis aufzunehmen. Beispielsweise kann bei unbefristeten Verträgen keine konkrete Löschfrist angegeben werden, da der konkrete Vertragsablauf unbestimmt ist. Es empfiehlt sich hier allerdings eine abstrakte Frist anzugeben (zB „nach Ablauf des Vertrages“).

[10] In der Rubrik „Empfänger“ sind nur die „Empfängerkategorien“ (zB „Gerichte“, „Banken“ oder „Sozialversicherungsträger“) einzutragen. Dazu gehören auch Auftragsverarbeiter. Bei der Umschreibung der Empfängerkategorien ist darauf zu achten, dass eine Überprüfung der Rechtmäßigkeit ermöglicht wird (so wird zB die bloße Angabe von „Konzern“ als Empfänger nicht ausreichen, weil daraus nicht eruierbar sein wird, ob die Daten rechtmäßig an die Muttergesellschaft und/oder an Schwestergesellschaften übertragen werden).

Kategorien der betroffenen Personengruppe aus Punkt 1 des C-Blattes	Lfd. Nr.	Datenkategorien	Besondere Datenkategorien iSd Art 9 DSGVO[11], strafrechtlich relevant iSd Art 10 DSGVO[12]	Empfänger	Empfänger	Empfänger	Empfänger	Empfänger	Empfänger	Empfänger	Empfänger	Empfänger	Empfänger
1 *(oder Angabe der Personenkategorie aus Punkt 1 des C-Blattes, zB „Kunden")*	1												
	2												
	3												
	4												
2	5												
	6												
	7												
	8												
	9												
	10												

[11] Daten nach Art 9 DSGVO sind besondere Datenkategorien („sensible Daten): rassische und ethnische Herkunft, politische Meinungen, religiöse oder weltanschauliche Überzeugungen, Gewerkschaftszugehörigkeit, genetische und biometrische Daten zur Identifizierung einer natürlichen Person, Gesundheitsdaten, Daten zum Sexualleben oder der sexuellen Orientierung.

[12] Verarbeitung personenbezogener Daten über strafrechtliche Verurteilungen und Straftaten oder damit zusammenhängende Sicherungsmaßregeln unter behördlicher Aufsicht.

b. **Löschungs- und Aufbewahrungsfristen (wenn möglich)**

Daten aus 4.a. (Lfd. Nr.)	Angabe bzw. Beschreibung der Löschungs- bzw. Aufbewahrungsfristen

5. **Kategorien von Empfängern[13], an die personenbezogene Daten offengelegt werden (inkl. Auftragsverarbeitung), speziell bei Empfängern in Drittländern[14]**

a. **Kategorien der Empfänger sowie Übermittlungsort (Drittstaat, Internationale Organisation wie zB UNO, OSZE)**

Empfängerkategorien bzw. Empfänger in Drittstaaten oder Internationalen Organisationen (aus 4.a.)	Drittstaat (Angabe des Drittstaats, d.h. Staaten außerhalb der EU)	Internationale Organisation (Angabe der intern. Organisation)

b. **Dokumentation der getroffenen geeigneten Garantien im Falle einer Übermittlung in Drittstaaten die nicht auf Art 45, 46, 47 oder 49 Abs 1 Unterabsatz 1 DSGVO erfolgt** (vor allem wenn kein Angemessenheitsbeschluss der Europäischen Kommission vorliegt, keine Standardvertragsklauseln der Europäischen Kommission oder der nationalen Datenschutzbehörde verwendet werden oder genehmigte Zertifizierungsmechanismen in Anspruch genommen werden, keine Corporate binding rules zur Anwendung kommen (genehmigte verbindliche konzerninterne Datenschutzvorschriften), die Übermittlung nicht für Vertragserfüllungszwecke erforderlich ist oder keine ausdrückliche Einwilligung vorliegt):

[13] Es sind vor allem Übermittlungsempfänger („Dritte") als auch Auftragsverarbeiter hier zu dokumentieren. Bei der Umschreibung der Empfängerkategorien ist darauf zu achten, dass eine Überprüfung der Rechtmäßigkeit ermöglicht wird (so wird zB die bloße Angabe von „Konzern" als Empfänger nicht ausreichen, weil daraus nicht eruierbar sein wird, ob die Daten rechtmäßig an die Muttergesellschaft und/oder an Schwestergesellschaften übertragen werden). Bei Empfängern in Drittstaaten (speziell in den USA wegen dem „Privacy Shield"-System) empfiehlt sich eine namentliche Nennung des Empfängers.

[14] Siehe dazu das Merkblatt „Internationaler Datenverkehr".

D. Allgemeine Beschreibung der technisch-organisatorischen Maßnahmen

a. Vertraulichkeit[15]:

b. Integrität[16]:

c. Verfügbarkeit und Belastbarkeit:

d. Pseudonymisierung und Verschlüsselung:

e. Evaluierungsmaßnahmen:

[15] Verhinderung von (unbeabsichtigter) Offenlegung oder unbefugten Zugang zu personenbezogenen Daten.
[16] Verhinderung von (unbeabsichtigter) Zerstörung/Vernichtung, (unbeabsichtigter) Schädigung, (unbeabsichtigtem) Verlust, (unbeabsichtigter) Veränderung von personenbezogenen Daten.

Anhang 3: EU-Datenschutz-Grundverordnung Mustervertrag, Wirtschaftskammern Österreichs, Stand: 24. Juli 2018

Quelle: https://www.wko.at/service/wirtschaftsrecht-gewerberecht/eu-dsgvo-mustervertrag.html

WIRTSCHAFTSRECHT

WKO

WIRTSCHAFTSKAMMERN ÖSTERREICHS

EU-DATENSCHUTZ-GRUNDVERORDNUNG
MUSTERVERTRAG

Vereinbarung

über eine

Auftragsverarbeitung nach Art 28 DSGVO

Die Experten der Wirtschaftskammern Österreichs haben für ihre Mitgliedsbetriebe nachstehendes Muster einer Vereinbarung über eine Auftragsverarbeitung nach Art 28 DSGVO erstellt.

Das hinterlegte Wasserzeichen „Muster" kann einfach aus dem Word-Dokument entfernt werden.

Stand: Juli 2018

Dieses Merkblatt ist ein **Produkt der Zusammenarbeit aller Wirtschaftskammern.**
Bei Fragen wenden Sie sich bitte an die Wirtschaftskammer Ihres Bundeslandes:
Burgenland, Tel. Nr.: 05 90907, Kärnten, Tel. Nr.: 05 90904, Niederösterreich Tel. Nr.: (02742) 851-0, Oberösterreich, Tel. Nr.: 05 90909, Salzburg, Tel. Nr.: (0662) 8888-0, Steiermark, Tel. Nr.: (0316) 601-0, Tirol, Tel. Nr.: 05 90905-1111, Vorarlberg, Tel. Nr.: (05522) 305-0, Wien, Tel. Nr.: (01) 51450-1615,
Hinweis! Diese Information finden Sie auch im Internet unter http://wko.at/datenschutz. Alle Angaben erfolgen trotz sorgfältigster Bearbeitung ohne Gewähr. Eine Haftung der Wirtschaftskammern Österreichs ist ausgeschlossen. Bei allen personenbezogenen Bezeichnungen gilt die gewählte Form für beide Geschlechter!

Vereinbarung

über eine

Auftragsverarbeitung nach Art 28 DSGVO

Der Verantwortliche:	Der Auftragsverarbeiter:
[*NN*] [*Anschrift*]	[*NN*] [*Anschrift*]
(im Folgenden Auftraggeber)	(im Folgenden Auftragnehmer)

1. GEGENSTAND DER VEREINBARUNG

(1) Gegenstand dieses Auftrages ist die Durchführung folgender Aufgaben: [*möglichst detaillierte Beschreibung der Aufgaben des Auftragnehmers, einschließlich Art und Zweck der vorgesehenen Verarbeitung*].
{Falls es einen weitergehenden Rahmenvertrag, Werkvertrag, Leistungsvereinbarung, udgl gibt} Diese Vereinbarung ist als Ergänzung zu [*Vertrag, etc samt Datum ergänzen*] zu verstehen.

(2) Folgende Datenkategorien werden verarbeitet: [*Datenkategorien aufzählen, zB Kontaktdaten, Vertragsdaten, Verrechnungsdaten, Bonitätsdaten, Bestelldaten, Entgeltdaten, usw*].

(3) Folgende Kategorien betroffener Personen unterliegen der Verarbeitung: [*Betroffenenkategorien ergänzen, zB Kunden, Interessenten, Lieferanten, Ansprechpartner, Beschäftigte, usw.*]

2. DAUER DER VEREINBARUNG

{Einmalige Durchführung} Die Vereinbarung endet mit einmaliger Durchführung der Arbeiten.

{Befristete Laufzeit} Die Vereinbarung ist befristet abgeschlossen und endet mit [*Fristende eintragen*]

{Unbefristete Laufzeit} Die Vereinbarung ist auf unbestimmte Zeit geschlossen und kann von beiden Parteien mit einer Frist von [*Kündigungsfrist eintragen, zB ein Monat*] zum [*Kündigungstermin eintragen, zB Kalenderviertaljahr*] gekündigt werden. Die Möglichkeit zur außerordentlichen Kündigung aus wichtigem Grund bleibt unberührt.

3. PFLICHTEN DES AUFTRAGNEHMERS

(1) Der Auftragnehmer verpflichtet sich, Daten und Verarbeitungsergebnisse ausschließlich im Rahmen der schriftlichen Aufträge des Auftraggebers zu verarbeiten. Erhält der Auftragnehmer einen behördlichen Auftrag, Daten des Auftraggebers herauszugeben, so hat er - sofern gesetzlich zulässig - den Auftraggeber unverzüglich darüber zu informieren und die Behörde an diesen zu verweisen. Desgleichen bedarf eine Verarbeitung der Daten für eigene Zwecke des Auftragnehmers eines schriftlichen Auftrages.

(2) Der Auftragnehmer erklärt rechtsverbindlich, dass er alle mit der Datenverarbeitung beauftragten Personen vor Aufnahme der Tätigkeit zur Vertraulichkeit verpflichtet hat oder diese einer angemessenen gesetzlichen Verschwiegenheitsverpflichtung unterliegen. Insbesondere bleibt die Verschwiegenheitsverpflichtung der mit der Datenverarbeitung beauftragten Personen auch nach Beendigung ihrer Tätigkeit und Ausscheiden beim Auftragnehmer aufrecht.

(3) Der Auftragnehmer erklärt rechtsverbindlich, dass er alle erforderlichen Maßnahmen zur Gewährleistung der Sicherheit der Verarbeitung nach Art 32 DSGVO ergriffen hat (Einzelheiten sind der Anlage ./1 zu entnehmen).

(4) Der Auftragnehmer ergreift die technischen und organisatorischen Maßnahmen, damit der Auftraggeber die Rechte der betroffenen Person nach Kapitel III der DSGVO (Information, Auskunft, Berichtigung und Löschung, Datenübertragbarkeit, Widerspruch, sowie automatisierte Entscheidungsfindung im Einzelfall) innerhalb der gesetzlichen Fristen jederzeit erfüllen kann und überlässt dem Auftraggeber alle dafür notwendigen Informationen. Wird ein entsprechender Antrag an den Auftragnehmer gerichtet und lässt dieser erkennen, dass der Antragsteller ihn irrtümlich für den Auftraggeber der von ihm betriebenen Datenverarbeitung hält, hat der Auftragnehmer den Antrag unverzüglich an den Auftraggeber weiterzuleiten und dies dem Antragsteller mitzuteilen.

(5) Der Auftragnehmer unterstützt den Auftraggeber bei der Einhaltung der in den Art 32 bis 36 DSGVO genannten Pflichten (Datensicherheitsmaßnahmen, Meldungen von Verletzungen des Schutzes personenbezogener Daten an die Aufsichtsbehörde, Benachrichtigung der von einer Verletzung des Schutzes personenbezogener Daten betroffenen Person, Datenschutz-Folgeabschätzung, vorherige Konsultation).

(6) Der Auftragnehmer wird darauf hingewiesen, dass er für die vorliegende Auftragsverarbeitung ein Verarbeitungsverzeichnis nach Art 30 DSGVO zu errichten hat.

(7) Dem Auftraggeber wird hinsichtlich der Verarbeitung der von ihm überlassenen Daten das Recht jederzeitiger Einsichtnahme und Kontrolle, sei es auch durch von ihm beauftragte Dritte, der Datenverarbeitungseinrichtungen eingeräumt. Der Auftragnehmer verpflichtet sich, dem Auftraggeber jene Informationen zur Verfügung zu stellen, die zur Kontrolle der Einhaltung der in dieser Vereinbarung genannten Verpflichtungen notwendig sind.

(8) Der Auftragnehmer ist nach Beendigung dieser Vereinbarung verpflichtet, alle Verarbeitungsergebnisse und Unterlagen, die Daten enthalten, dem Auftraggeber zu übergeben / in dessen Auftrag zu vernichten[1]. Wenn der Auftragnehmer die Daten in einem speziellen technischen Format verarbeitet, ist er verpflichtet, die Daten nach Beendigung dieser Vereinbarung entweder in diesem Format oder nach Wunsch des Auftraggebers in dem Format, in dem er die Daten vom Auftraggeber erhalten hat oder in einem anderen, gängigen Format herauszugeben.

(9) Der Auftragnehmer hat den Auftraggeber unverzüglich zu informieren, falls er der Ansicht ist, eine Weisung des Auftraggebers verstößt gegen Datenschutzbestimmungen der Union oder der Mitgliedstaaten.

---

[1] Nichtzutreffendes bitte streichen.

4. ORT DER DURCHFÜHRUNG DER DATENVERARBEITUNG[2]

{Ausschließliche Durchführung innerhalb der EU/des EWR} Alle Datenverarbeitungstätigkeiten werden ausschließlich innerhalb der EU bzw des EWR durchgeführt.

{Bei Durchführung, wenn auch nur teilweise, außerhalb der EU/des EWR} Datenverarbeitungstätigkeiten werden zumindest zum Teil auch außerhalb der EU bzw des EWR durchgeführt, und zwar in [*Staaten aufzählen*]. Das angemessene Datenschutzniveau ergibt sich aus[3]

- einem Angemessenheitsbeschluss der Europäischen Kommission nach Art 45 DSGVO.
- einer Ausnahme für den bestimmten Fall nach Art 49 Abs 1 DSGVO.
- verbindlichen internen Datenschutzvorschriften nach Art 47 iVm Art 46 Abs 2 lit b DSGVO.
- Standarddatenschutzklauseln nach Art 46 Abs 2 lit c und d DSGVO.
- genehmigten Verhaltensregeln nach Art 46 Abs 2 lit e iVm Art 40 DSGVO.
- einen genehmigten Zertifizierungsmechanismus nach Art 46 Abs 2 lit f iVm Art 42 DSGVO.
- von der Datenschutzbehörde bewilligte Vertragsklauseln nach Art 46 Abs 3 lit a DSGVO.
- einer Ausnahme für den Einzelfall nach Art 49 Abs 1 Unterabsatz 2 DSGVO.

5. SUB-AUFTRAGSVERARBEITER[4]

{Verbot der Hinzuziehung eines Sub-Auftragsverarbeiters} Der Auftragnehmer ist nicht berechtigt, einen Sub-Auftragsverarbeiter heranzuziehen.

{Zulässigkeit der Hinzuziehung eines bestimmten Sub-Auftragsverarbeiters} Der Auftragnehmer ist befugt folgendes Unternehmen als Sub-Auftragsverarbeiter hinzuziehen: [*Firmenname und Sitz ergänzen, Art der Tätigkeiten*].
Beabsichtigte Änderungen des Sub-Auftragsverarbeiters sind dem Auftraggeber so rechtzeitig schriftlich bekannt zu geben, dass er dies allenfalls untersagen kann. Der Auftragnehmer schließt die erforderlichen Vereinbarungen im Sinne des Art 28 Abs 4 DSGVO mit dem Sub-Auftragsverarbeiter ab. Dabei ist sicherzustellen, dass der Sub-Auftragsverarbeiter dieselben Verpflichtungen eingeht, die dem Auftragnehmer auf Grund dieser Vereinbarung obliegen. Kommt der Sub-Auftragsverarbeiter seinen Datenschutzpflichten nicht nach, so haftet der Auftragnehmer gegenüber dem Auftraggeber für die Einhaltung der Pflichten des Sub-Auftragsverarbeiters.

{Zulässigkeit der Hinzuziehung von Sub-Auftragsverarbeitern} Der Auftragnehmer kann Sub-Auftragsverarbeiter [*Tätigkeiten*] hinzuziehen.
Er hat den Auftraggeber von der beabsichtigten Heranziehung eines Sub-Auftragsverarbeiters so rechtzeitig zu verständigen, dass er dies allenfalls untersagen kann. Der Auftragnehmer schließt die erforderlichen Vereinbarungen im Sinne des Art 28 Abs 4 DSGVO mit dem Sub-Auftragsverarbeiter ab. Dabei ist sicherzustellen, dass der Sub-Auftragsverarbeiter dieselben Verpflichtungen eingeht, die dem Auftragnehmer auf Grund dieser Vereinbarung obliegen. Kommt der Sub-Auftragsverarbeiter seinen Datenschutzpflichten nicht nach, so haftet der Auftragnehmer gegenüber dem Auftraggeber für die Einhaltung der Pflichten des Sub-Auftragsverarbeiters.

---

[2] Nichtzutreffendes bitte streichen.
[3] Nichtzutreffendes bitte streichen. Siehe im Allgemeinen Merkblatt Internationaler Datenverkehr nach der DSGVO.
[4] Nichtzutreffendes bitte streichen.

[*Ort*], am [*Datum*]

Für den Auftraggeber:

....

[*Name samt Funktion*]

[*Ort*], am [*Datum*]

Für den Auftragnehmer:

....

[*Name samt Funktion*]

ANLAGE ./1 - TECHNISCH-ORGANISATORISCHE MASSNAHMEN[5]

A. VERTRAULICHKEIT

Zutrittskontrolle: Schutz vor unbefugtem Zutritt zu Datenverarbeitungsanlagen durch:

☐ Schlüssel	☐ Magnet- oder Chipkarten
☐ Elektrische Türöffner	☐ Portier
☐ Sicherheitspersonal	☐ Alarmanlagen
☐ Videoanlage	☐ Einbruchshemmende Fenster und/oder Sicherheitstüren
☐ Anmeldung beim Empfang mit Personenkontrolle	☐ Begleitung von Besuchern im Unternehmensgebäude
☐ Tragen von Firmen-/Besucherausweisen	☐ Sonstiges:

Zugangskontrolle: Schutz vor unbefugter Systembenutzung durch:

☐ Kennwörter (einschließlich entsprechender Policy)	☐ Verschlüsselung von Datenträgern
☐ Automatische Sperrmechanismen	☐ Sonstiges:
☐ Zwei-Faktor-Authentifizierung	

Zugriffskontrolle: Kein unbefugtes Lesen, Kopieren, Verändern oder Entfernen innerhalb des Systems durch:

☐ Standard-Berechtigungsprofile auf „need to know-Basis"	☐ Standardprozess für Berechtigungsvergabe
☐ Protokollierung von Zugriffen	☐ Sichere Aufbewahrung von Speichermedien
☐ Periodische Überprüfung der vergebenen Berechtigungen, insb von administrativen Benutzerkonten	☐ Datenschutzgerechte Wiederverwendung von Datenträgern
☐ Datenschutzgerechte Entsorgung nicht mehr benötigter Datenträger	☐ Clear-Desk/Clear-Screen Policy
☐ Sonstiges:	

Pseudonymisierung: Sofern für die jeweilige Datenverarbeitung möglich, werden die primären Identifikationsmerkmale der personenbezogenen Daten in der jeweiligen Datenverarbeitung entfernt, und gesondert aufbewahrt.

☐ Ja	☐ Nein

Klassifikationsschema für Daten: Aufgrund gesetzlicher Verpflichtungen oder Selbsteinschätzung (geheim/vertraulich/intern/öffentlich).

☐ Ja	☐ Nein

B. DATENINTEGRITÄT[6]

Weitergabekontrolle: Kein unbefugtes Lesen, Kopieren, Verändern oder Entfernen bei elektronischer Übertragung oder Transport durch:

☐ Verschlüsselung von Datenträgern	☐ Verschlüsselung von Dateien
☐ Virtual Private Networks (VPN)	☐ Elektronische Signatur
☐ Sonstiges:	

Eingabekontrolle: Feststellung, ob und von wem personenbezogene Daten in Datenverarbeitungssysteme eingegeben, verändert oder entfernt worden sind durch:

[5] Entsprechend den bestehenden technisch-organisatorischen Maßnahmen anpassen.
[6] Verhinderung von (unbeabsichtigter) Zerstörung/Vernichtung, (unbeabsichtigter) Schädigung, (unbeabsichtigtem) Verlust, (unbeabsichtigter) Veränderung von personenbezogenen Daten.

☐ Protokollierung	☐ Dokumentenmanagement
☐ Sonstiges:	

C. VERFÜGBARKEIT UND BELASTBARKEIT

Verfügbarkeitskontrolle: Schutz gegen zufällige oder mutwillige Zerstörung bzw. Verlust durch:

☐ Backup-Strategie (online/offline; on-site/off-site)	☐ Unterbrechungsfreie Stromversorgung (USV, Dieselaggregat)
☐ Virenschutz	☐ Firewall
☐ Meldewege und Notfallpläne	☐ Security Checks auf Infrastruktur- und Applikationsebene
☐ Mehrstufiges Sicherungskonzept mit verschlüsselter Auslagerung der Sicherungen in ein Ausweichrechenzentrum	☐ Standardprozesse bei Wechsel/Ausscheiden von Mitarbeitern
☐ Sonstiges:	

Rasche **Wiederherstellbarkeit**:

☐ Ja	☐ Nein

D. VERFAHREN ZUR REGELMÄßIGEN ÜBERPRÜFUNG, BEWERTUNG UND EVALUIERUNG

Datenschutz-Management, einschließlich regelmäßiger Mitarbeiter-Schulungen:

☐ Ja	☐ Nein

Incident-Response-Management:

☐ Ja	☐ Nein

Datenschutzfreundliche Voreinstellungen:

☐ Ja	☐ Nein

Auftragskontrolle: Keine Auftragsdatenverarbeitung im Sinne von Art 28 DS-GVO ohne entsprechende Weisung des Auftraggebers durch:

☐ Eindeutige Vertragsgestaltung	☐ Formalisiertes Auftragsmanagement
☐ Strenge Auswahl des Auftragsverarbeiters (ISO-Zertifizierung, ISMS)	☐ Vorabüberzeugungspflicht
☐ Nachkontrollen	☐ Sonstiges:

HINWEISE

Dieser Mustervertrag ist auf eine Auftragsverarbeitung in Österreich, innerhalb des EWR oder in Staaten mit angemessenem Datenschutzniveau zugeschnitten. Für die Auftragsverarbeitung in Drittstaaten ist die Verwendung von Standardvertragsklauseln zu empfehlen (Bewilligungsfreiheit nach Art 46 Abs 2 lit c DSGVO).

Dieser Mustervertrag wurde mit größter Sorgfalt erstellt und kann laufend aktualisiert werden. Für die Richtigkeit, Vollständigkeit, Aktualität oder Qualität des bereitgestellten Musters sowie auch für weiterführende Links können wir jedoch keine Gewähr übernehmen. Haftungsansprüche gegen Personen, welche dieses Muster bereitgestellt haben, sind daher ausgeschlossen.

Wir behalten uns ausdrücklich vor, das Muster ohne gesonderte Ankündigung zu verändern, zu ergänzen, zu löschen oder die Veröffentlichung zeitweise oder endgültig einzustellen und übernehmen daher keine Gewähr und Haftung für die dauerhafte Verfügbarkeit der des Musters.

Anhang 4: abgeschlossene Auftragsverarbeitervereinbarung zwischen einer Privatstiftung und einer Immobilienverwaltung

[redacted]

Auftragsverarbeiter-Vertrag
nach Art 28 DSGVO

Vereinbarung über eine Auftragsverarbeitung zwischen

<u>dem Verantwortlichen:</u>

[redacted]

(im folgenden Text als Verantwortlicher bezeichnet)

<u>und dem Auftragsverarbeiter:</u>

Hausverwaltung/Firma

[redacted]

(im folgenden Text als Auftragsverarbeiter bezeichnet)

Adresse der Eigentumswohnung/en bzw der Liegenschaft

....[redacted]

Seite 1 von 9

[redacted]

1. Definitionen und Garantie:

Es besteht dahingehend Übereinstimmung zwischen den Vertragspartnern, dass ein Auftragsverarbeiter eine natürliche oder juristische Person oder Einrichtung ist, die personenbezogene Daten im Auftrag des Verantwortlichen verarbeitet.

Der Auftragsverarbeiter hat die Pflicht, den Verantwortlichen bei einem Eigentümerwechsel seiner Firma oder Fusion seiner mit einer anderen Firma zeitgerecht über diesen Umstand zu informieren.

Der Auftragsverarbeiter bietet mit seiner Unterschrift hiermit dem Verantwortlichen hinreichend Garantie dafür, dass geeignete technische und organisatorische Maßnahmen so durchgeführt werden, dass die Verarbeitung im Einklang mit den Anforderungen nach dem Art 28 Abs 1 der Datenschutzgrundverordnung - DSGVO erfolgt und den Schutz der Rechte der betroffenen Personen gewährleistet.

2. Gegenstand der Vereinbarung nach Art 28 Abs 3 und Art und Zweck der Verarbeitung:

Bei Wohnungseigentumsobjekten schließt in der Regel die Eigentümergemeinschaft aufgrund eines einfachen Mehrheitsbeschlusses einen Verwaltungsvertrag, ansonsten der Alleineigentümer oder die Mehrheit der (schlichten) Miteigentümer.
Ein Hausverwalter führt im Auftrag einer Wohnungseigentümergemeinschaft die Verwaltung einer Liegenschaft durch. Er ist dabei Stellvertreter, d.h. er führt die entsprechenden Tätigkeiten auf Rechnung der Eigentümer durch.
Der Umfang der Verwaltung von Wohnungseigentumsobjekten ist gesetzlich definiert. Die Beauftragung des Auftragsverarbeiters richtet sich im gegenständlichen Fall nach dem mit dem Verantwortlichen abgeschlossenen Verwaltungsvertrag und der Bevollmächtigung durch den Verantwortlichen.
Der Auftragsverarbeiter ist im Namen und im Auftrag sowie auf Rechnung der Eigentümergemeinschaft oder des Verantwortlichen tätig und muss dies gegenüber Dritten auch deutlich zum Ausdruck bringen. Werden Dritte durch Verträge verpflichtet, wirkt das so, als ob die Wohnungseigentümergemeinschaft oder der Verantwortliche selbst den Vertrag abgeschlossen hätten.
Bei Wohnungseigentumsobjekten vertritt der Verwalter die Eigentümergemeinschaft unbeschränkt nach außen, vertritt die Eigentümergemeinschaft vor Gericht und vor Behörden und kann in allen mit der Liegenschaft zusammenhängenden Angelegenheiten Grundbuchsgesuche einbringen.
Der Auftragsverarbeiter muss für die ordnungsgemäße Erhaltung und Betreuung der Liegenschaft sorgen. Im Bereich des Wohnungseigentums ist er ohne gesonderten Beschluss der Eigentümergemeinschaft zur Abwicklung von Angelegenheiten der ordentlichen Verwaltung berechtigt und verpflichtet, Angelegenheiten der außerordentlichen Verwaltung darf er nur aufgrund eines Mehrheitsbeschlusses der Wohnungseigentümer durchführen. Er muss die gemeinschaftsbezogenen Interessen aller Wohnungseigentümer wahren und die Weisungen der Mehrheit der Wohnungseigentümer befolgen, außer diese sind gesetzwidrig. Für Erhaltungsarbeiten, die über die laufende Instandhaltung hinausgehen, und für größere Verbesserungsarbeiten, muss er mindestens drei Angebote einholen. Die Arbeiten des Auftragsverarbeiters umfasst vor allem die ordnungsgemäße Erhaltung der allgemeinen Teile der Liegenschaft, einschließlich baulicher Veränderungen, die über den Erhaltungszweck des

Hauses nicht hinausgehen sowie die Behebung ernster Schäden des Hauses in einem Wohnungseigentumsobjekt das sind besonders erforderliche Arbeiten zur Erhaltung der allgemeinen Teile des Hauses wenn es sich um die Behebung von ernsten Schäden des Hauses handelt sowie um erforderliche Arbeiten zur Aufrechterhaltung des Betriebes von bestehenden Gemeinschaftsanlagen, wie Aufzüge, Waschküche etc. Weiters obliegt ihm die Neueinführung oder Umgestaltung energiesparender Maßnahmen die Installation und die Miete von technisch geeigneten Messvorrichtungen zur Verbrauchsermittlung, die aufgrund öffentlich-rechtlicher Verpflichtungen vorzunehmen sind.
Der Verantwortliche verpflichtet sich, sofort den Verwalter über Schäden an den allgemeinen Teilen der Liegenschaft sowie ernste Schäden des Hauses in seinem Objekt verständigen.
Nützliche Verbesserungen oder sonstige bauliche Veränderungen an den allgemeinen Teilen der Liegenschaft, die über die Erhaltung hinausgehen, gehören bei der Verwaltung von Wohnungseigentumsobjekten zur außerordentlichen Verwaltung und dürfen nur mit Mehrheitsbeschluss der Wohnungseigentümer durchgeführt werden. Alle anderen Angelegenheiten der außerordentlichen Verwaltung, die nicht Veränderungen an den allgemeinen Teilen der Liegenschaft betreffen, müssen einstimmig beschlossen werden.
Der Verwalter muss die Zahlungstermine aller laufenden Zahlungen der Wohnungseigentümer wie Vorauszahlungen, etc. überwachen und bei nicht fristgerechter Zahlung diese einmahnen. Die Höhe der Vorauszahlungen etwa für Betriebskosten, muss gegebenenfalls angepasst werden. Versicherungsverträge müssen abgeschlossen, überwacht und allfällige Versicherungsschäden abgewickelt werden. Steuern und Gebühren müssen fristgerecht abgeführt werden.
Für künftige Aufwendungen in Wohnungseigentumsanlagen muss eine Rücklage gebildet werden. Der Verwalter setzt den Betrag entsprechend der voraussichtlichen Entwicklung fest. Die Rücklage muss auf einem für jeden Wohnungseigentümer einsehbaren Eigenkonto der Eigentümergemeinschaft oder auf einem Anderkonto zinsbringend angelegt werden. Wird ein Verwaltungsvertrag beendet, muss der bisherige Verwalter sofort eine Abrechnung der Rücklage erstellen und den Überschuss an den neuen Verwalter ausfolgen.
Die Aufnahme eines Darlehens durch den Hausverwalter ist im Verwaltungsvertrag geregelt. Der Verwalter muss die fristgerechte Rückzahlung der für eine Liegenschaft aufgenommenen Darlehen vornehmen.
Der Verwalter muss Einnahmen aus den allgemeinen Teilen der Liegenschaft an die Wohnungseigentümer dem Verhältnis ihrer Anteile entsprechend aufteilen. Einnahmen aus einem Wohnungseigentumsobjekt müssen dem Wohnungseigentümer zugeteilt werden.
Ein Verwalter ist Treuhänder der ihm anvertrauten fremden Gelder. Alle Ein- und Auszahlungen müssen über ein Eigenkonto der Eigentümergemeinschaft oder ein Anderkonto durchgeführt werden. Diese Konten müssen für jeden Wohnungseigentümer einsehbar sein.
Der Verwalter muss den Wohnungseigentümern jährlich bis spätestens zum Ende der laufenden Abrechnungsperiode, das ist in der Regel der 31.12. eines jeden Jahres, eine Vorausschau erstellen. Dies muss den Wohnungseigentümern sowohl durch Übersendung (Post, E-Mail) als auch durch Hausanschlag zukommen.
Bis spätestens sechs Monate nach Ende der Abrechnungsperiode, daher in der Regel bis 30.6., muss der Verwalter jedem Wohnungseigentümer eine schriftliche Abrechnung übermitteln, ein Anschlag im Haus ist nicht erforderlich. Die Wohnungseigentümer können in die Belege einsehen und auf ihre Kosten Kopien anfertigen lassen.

In dieser Abrechnung müssen sämtliche Einnahmen und Ausgaben, die für die Eigentümergemeinschaft erfolgten, aufgegliedert sein (Abrechnung der Rücklagen sowie eine Betriebskosten).
Der Auftragsverarbeiter muss den Wohnungseigentümern spätestens bis 30.6. eine ordentliche und richtige Abrechnung über allfällige Heiz- und Warmwasserkosten nach dem Heizkostenabrechnungsgesetz übermitteln.
Der Verwalter muss mindestens alle zwei Jahre eine Eigentümerversammlung einberufen. Mindestens zwei Wochen vor der Eigentümerversammlung muss jeder Wohnungseigentümer schriftlich über den Termin informiert werden und die zur Beschlussfassung anstehenden Gegenstände bekanntgegeben werden. Diese Information muss an einer deutlich sichtbaren Stelle im Haus angeschlagen werden und jedem einzelnen Wohnungseigentümer übermittelt werden.
Über jede Eigentümerversammlung muss der Verwalter ein Protokoll anfertigen, indem zumindest die Teilnehmer, die Abstimmungsergebnisse und die gefassten Beschlüsse angeführt sind. Dieses Protokoll muss jedem Wohnungseigentümer schriftlich übermittelt werden. Ergab eine Abstimmung keine Mehrheit für oder gegen einen Vorschlag, muss der Verwalter diejenigen Wohnungseigentümer, die nicht bei der Eigentümerversammlung anwesend oder vertreten waren, gleichzeitig mit der Übersendung des Protokolls auffordern, sich dazu innerhalb einer bestimmten Frist zu äußern.
Jedem Wohnungseigentümer muss die Gelegenheit gegeben werden, an der Beschlussfassung mitzuwirken. Beschlüsse können entweder in der Eigentümerversammlung oder im Umlaufweg gefasst werden, dies kann schriftlich oder mündlich erfolgen. Damit ein Beschluss wirksam wird, ist jedoch immer Voraussetzung, dass die Wohnungseigentümer Gelegenheit hatten, sich über den Beschlussgegenstand zu äußern, auch wenn sie es tatsächlich nicht taten.
Der Verwalter muss alle Beschlüsse der Eigentümergemeinschaft jedem einzelnen Wohnungseigentümer schriftlich übermitteln. Ebenfalls angegeben werden muss der Beginn und das Ende der Anfechtungsfrist.
Grundsätzlich erfolgt die Übermittlung der Beschlüsse an die Wohnungseigentümer im Postweg an die Wohnungseigentumsadresse, jeder Wohnungseigentümer kann aber eine elektronische Übermittlung verlangen.
Erfolgte eine schriftliche Abstimmung, muss der Verwalter auf Verlangen jedem Wohnungseigentümer über das Stimmverhalten der anderen Wohnungseigentümer Auskunft geben.

<u>Folgende Datenkategorien werden verarbeitet:</u>

Stammdaten wie Firmennamen, Vornamen, Familiennamen, Titel, Geburtsdaten, Staatszugehörigkeit, Kontaktdaten, Standortdaten, Anschrift, Emaildaten, Telefonnummer, Faxnummer, Ausweisdaten, Bankdaten wie Bankverbindungsdaten, Kontodaten, Abrechnungsdaten, Buchungsdaten, Schuldendaten, Rechnungsdaten, Steuerdaten, Vertragsdaten, Kennnummern, Paraphen und Unterschriftsdaten, Kontaktdaten von Firmen-MitarbeiterInnen (Aufzählung erfolgt beispielhaft)

<u>Folgende Kategorien betroffener Personen unterliegen der Verarbeitung:</u>

Wirtschaftliche Eigentümer, Verantwortliche selbst, andere Wohnungseigentümer, Mieter, Hausbesorger, Hausbetreuer, Firmenmitarbeiter, Professionisten, Lieferanten und sonstige

Vertrags-und Geschäftspartner sowohl des Verantwortlichen als auch des Auftragsverarbeiters

3. Dauer der Auftragsverarbeiter-Vereinbarung:

Diese Vereinbarung gilt ab 25.5.2018 mit Inkrafttreten der DSGVO und des DSG (Datenschutzanpassungsgesetz 2018) und wird auf die im gegenständlichen Verwaltervertrag angegebene Frist abgeschlossen.
Sie endet jedenfalls mit der Vertrags-Auflösung durch beide Parteien. *(Zum Beispiel: wird bei Wohnungseigentumsobjekten ein Verwaltungsvertrag auf unbestimmte Zeit abgeschlossen, kann dieser sowohl von der Eigentümergemeinschaft als auch vom Verwalter mit dreimonatiger Kündigungsfrist zum Ende einer Abrechnungsperiode, daher in der Regel zum 31.12., gekündigt werden.*
Wird ein Verwaltungsvertrag über Wohnungseigentumsobjekte auf bestimmte, aber mehr als dreijährige Zeit abgeschlossen, kann er sowohl von der Eigentümergemeinschaft als auch vom Verwalter erstmals nach Ablauf von drei Jahren mit dreimonatiger Kündigungsfrist ohne Angabe von Gründen zum Ende einer Abrechnungsperiode, daher in der Regel zum 31.12. gekündigt werden. Wird ein Verwaltungsvertrag auf bestimmte Zeit abgeschlossen und darüber hinaus stillschweigend verlängert, gilt das als Verlängerung auf unbestimmte Zeit.
Aus wichtigen Gründen kann ein Verwaltungsvertrag jederzeit von der Eigentümergemeinschaft gekündigt werden. Bei grober Pflichtverletzung durch den Verwalter kann der Vertrag auf Antrag eines Wohnungseigentümers vom Gericht aufgelöst werden.)
Die Möglichkeit zur außerordentlichen Kündigung aus wichtigem Grund bleibt unberührt.

4. Pflichten des Auftragsverarbeiters:

(1) Der Auftragsverarbeiter verpflichtet sich, Daten und Verarbeitungsergebnisse ausschließlich im Rahmen der schriftlichen Aufträge und nur auf jeweilige Weisung des Verantwortlichen laut Art 28 Abs 3 lit a zu verarbeiten. Erhält der Auftragsverarbeiter einen behördlichen Auftrag, Daten des Verantwortlichen herauszugeben, so hat er – sofern gesetzlich zulässig - den Verantwortlichen unverzüglich darüber zu informieren und die Behörde an diesen zu verweisen. (Eine nicht von der Weisung gedeckte Datenverarbeitung ist nur dann im Ausnahmefall zulässig, wenn das Gemeinschaftsrecht oder das Recht des Mitgliedsstaates Österreich, dem der Auftragsverarbeiter unterliegt, diesen zu einer solchen Datenverarbeitung verpflichtet.

(2) Es dürfen die Daten, die der Verantwortliche zur Verarbeitung dem Auftragsverarbeiter zur Verfügung stellt, von diesem nicht für eigene Zwecke werden.

(3) Der Auftragsverarbeiter erklärt hiermit rechtsverbindlich, dass er alle mit der Datenverarbeitung beauftragten/befassten Personen vor Aufnahme dieser Tätigkeit nachweislich zur Vertraulichkeit nach Art 28 Abs 3 lit b verpflichtet hat oder diese Personen einer angemessenen gesetzlichen Verschwiegenheitsverpflichtung unterliegen. Insbesondere bleiben diese Verschwiegenheitsverpflichtung und Einhaltung der Vertraulichkeit der mit der Datenverarbeitung beauftragten/befassten Personen auch nach Beendigung ihrer Tätigkeit und nach ihrem Ausscheiden beim Auftragsverarbeiter aufrecht.

(4) Der Auftragsverarbeiter erklärt rechtsverbindlich, dass er alle erforderlichen Maßnahmen zur Gewährleistung der Sicherheit der Verarbeitung nach Art 32 DSGVO ergriffen hat (siehe auch Anlage 1 – technisch-organisatorische Maßnahmen zu Vertraulichkeit, Integrität, Verfügbarkeit und Belastbarkeit der Daten sowie Verfahren zur regelmäßigen Überprüfung, Bewertung und Evaluierung, sowie Verfahren für Pseudonymisierung und Verschlüsselung),

weiters auch die Implementierung von Datensicherheitsmaßnahmen (privacy by design und privacy by default), die Bestellung eines Datenschutzbeauftragten und Namhaftmachung gegenüber dem Verantwortlichen, wenn die Bestellung laut DSGVO vom Auftragsverarbeiter gefordert wird, die Durchführung einer Risikoanalyse der Datenanwendungen, wenn diese laut DSGVO vom Auftragsverarbeiter gefordert wird.
Der Auftragsverarbeiter erklärt hiermit rechtsverbindlich, dass das Schutzniveau bei der Datenverarbeitung auch Risiken abdeckt, die unrechtmäßig oder unbeabsichtigt zu Verlust, Vernichtung, Veränderung oder unbefugter Offenlegung oder zu einem unbefugten Zugang zu personenbezogenen gespeicherten oder verarbeiteten Daten führen könnten (Art 32 Abs 2).

(5) Der Auftragsverarbeiter ergreift die technischen und organisatorischen Maßnahmen, damit der Verantwortliche die Rechte der betroffenen Person nach Kap III DSGVO (Information, Auskunft, Berichtigung, Einschränkung der Verarbeitung, Löschung, Datenübertragbarkeit, Widerspruch, sowie automatisierte Entscheidungsfindung im Einzelfall) innerhalb der gesetzlichen Fristen jederzeit erfüllen kann und er überlässt dem Verantwortlichen alle dafür notwendigen Informationen.
Wird ein entsprechender Antrag an den Auftragsverarbeiter gerichtet und lässt dieser erkennen, dass der Antragsteller ihn irrtümlich für den Verantwortlichen der von ihm betriebenen Datenanwendung hält, so hat der Auftragsverarbeiter den Antrag unverzüglich an den Verantwortlichen weiterzuleiten und dies dem Antragsteller mitzuteilen.

(6) Der Auftragsverarbeiter unterstützt den Verantwortlichen bei der Einhaltung der in den Art 32 bis 36 DSGVO genannten Pflichten (Datensicherheitsmaßnahmen, Meldungen bei Verletzungen des Schutzes personenbezogener Daten (Databreach) an die Aufsichtsbehörde, Benachrichtigung von einer Verletzung des Schutzes personenbezogener Daten betroffener Personen, Datenschutzfolgenabschätzung, vorherige Konsultation)

(7) Der Auftragsverarbeiter wird darauf hingewiesen, dass er für die vorliegende Datenverarbeitung ein Verarbeitungsverzeichnis mit allen Kategorien von im Auftrag des Verantwortlichen durchgeführten Tätigkeiten nach Art 30 DSGVO zu errichten hat.

(8) Dem Verantwortlichen wird hinsichtlich der Verarbeitung der von ihm überlassenen Daten das Recht jederzeitiger Einsichtnahme und Kontrolle der Datenverarbeitungseinrichtungen des Auftragsverarbeiters eingeräumt, sei es durch ihn selbst oder auch durch von ihm beauftragte fachlich geeignete Dritte. Der Auftragsverarbeiter verpflichtet sich, dem Verantwortlichen jene Informationen zur Verfügung zu stellen, die zur Kontrolle der Einhaltung der in dieser Vereinbarung genannten Verpflichtungen notwendig sind. Dies gilt auch für Daten, die der Auftragsverarbeiter in seiner Funktion als Stellvertreter des Verantwortlichen verarbeitet und für deren ordnungsgemäße Verarbeitung der Verantwortliche haftet.

(9) Der Auftragsverarbeiter ist nach Beendigung dieser Vereinbarung verpflichtet, alle Verarbeitungsergebnisse und Unterlagen, die Daten enthalten, dem Verantwortlichen zu übergeben oder nach Ende der gesetzlichen Speicherfristen zu löschen. Wenn der Auftragsverarbeiter die Daten in einem speziellen technischen Format verarbeitet, ist er verpflichtet, die Daten nach Beendigung dieser Vereinbarung entweder in diesem Format oder nach Wunsch des Verantwortlichen in dem Format, in dem er die Daten vom Verantwortlichen erhalten hat oder in einem anderen gängigen Format herauszugeben.

(10) Der Auftragsverarbeiter hat den Verantwortlichen unverzüglich zu informieren, falls er der Ansicht ist, eine Weisung des Verantwortlichen verstößt gegen die Datenschutzbestimmungen der Union oder der Mitgliedsstaaten (Warnpflicht des Auftragsverarbeiters).

5. Ort der Durchführung der Datenverarbeitung

Alle Datenverarbeitungstätigkeiten des Auftragsverarbeiters werden ausschließlich innerhalb Österreichs bzw innerhalb der EU durchgeführt.

6. Sub-Auftragsverarbeiter (nach Art 28 Abs 2)

Der Auftragsverarbeiter kann Sub-Auftragsverarbeiter hinzuziehen. Er hat den Verantwortlichen von der beabsichtigten Heranziehung eines Sub-Auftragsverarbeiters so rechtzeitig zu verständigen, dass der dies allenfalls untersagen kann. Der Auftragsverarbeiter schließt die erforderlichen Vereinbarungen und Verträge im Sinne des Art 28 Abs 4 DSGVO mit dem Sub-Auftragsverarbeiter ab. Dabei ist sicherzustellen, dass der Sub-Auftragsverarbeiter dieselben Verpflichtungen eingeht, die dem Auftragsverarbeiter aufgrund dieser Vereinbarung obliegen. Kommt der Sub-Auftragsverarbeiter seinen Datenschutzpflichten nicht nach, so haftet der Auftragsverarbeiter gegenüber dem Verantwortlichen für die Einhaltung der Pflichten des Sub-Auftragsverarbeiters.

7. Haftung

(1) Der Auftragsverarbeiter nimmt zur Kenntnis, dass betroffene Personen neben verfügbaren verwaltungsrechtlichen oder außergerichtlichen Rechtsbehelfen auch das Recht auf einen wirksamen gerichtlichen Rechtsbehelf gegen den Auftragsverarbeiter im Falle einer Rechtsverletzung durch den Auftragsverarbeiter haben. Sie können auf materiellen oder immateriellen Schaden klagen, wobei jeder an einer Verarbeitung Beteiligte für den Schaden haftet, der durch eine unrechtmäßige Verarbeitung verursacht wurde. Die Haftung entfällt, wenn die fehlende Verantwortung für den Umstand, durch den der Schaden eingetreten ist, nachgewiesen werden kann.
(2) Ist mehr als ein Auftragsverarbeiter oder mehr als ein Verantwortlicher oder sowohl der Auftragsverarbeiter als auch der Verantwortliche für einen Schaden verantwortlich, so haftet jeder Auftragsverarbeiter und jeder Verantwortliche für den gesamten Schaden.
Bei Nichteinhaltung der vertraglichen Vereinbarungen zum Schutz der Rechte der betroffenen Personen und/oder zur Einhaltung der Vorgaben der Datenschutzgrundverordnung und/oder zur Einhaltung der Datensicherheit durch den Auftragsverarbeiter und einem daraus entstehendem Schaden für den Verantwortlichen kann der Verantwortliche am Auftragsverarbeiter Regress nehmen.
(3) Unbeschadet der Art 82, 83 und 84 DSGVO gilt ein Auftragsverarbeiter, der unter Verstoß gegen die DSGVO die Zwecke und Mittel der Verarbeitung bestimmt, in Bezug auf diese Verarbeitung als Verantwortlicher laut Art 28 Abs. 10.

8. Wirksamkeit der Vereinbarung

Sollten einzelne Teile dieser Vereinbarung unwirksam sein oder werden, so berührt dies die Wirksamkeit der Vereinbarung im Übrigen nicht.

Wien, am

Für den Auftragsverarbeiter
(Name und Funktion)

Anlage 1:
Technische und organisatorische Maßnahmen

Vertraulichkeit

- **Zutrittskontrolle:** Schutz vor unbefugtem Zutritt zu Datenverarbeitungsanlagen, z.B.: Schlüssel, Magnet- oder Chipkarten, elektrische Türöffner, Portier, Sicherheitspersonal, Alarmanlagen, Videoanlagen;
- **Zugangskontrolle**: Schutz vor unbefugter Systembenutzung, z.B.: Kennwörter (einschließlich entsprechender Policy), automatische Sperrmechanismen, Zwei-Faktor-Authentifizierung, Verschlüsselung von Datenträgern;
- **Zugriffskontrolle**: Kein unbefugtes Lesen, Kopieren, Verändern oder Entfernen innerhalb des Systems, z.B.: Standard-Berechtigungsprofile auf „need to know-Basis", Standardprozess für Berechtigungsvergabe, Protokollierung von Zugriffen, periodische Überprüfung der vergebenen Berechtigungen, insbesondere von administrativen Benutzerkonten;
- **Pseudonymisierung:** Sofern für die jeweilige Datenverarbeitung möglich, werden die primären Identifikationsmerkmale der personenbezogenen Daten in der jeweiligen Datenanwendung entfernt, und gesondert aufbewahrt.
- **Klassifikationsschema für Daten:** Aufgrund gesetzlicher Verpflichtungen oder Selbsteinschätzung (geheim/vertraulich/intern/öffentlich).

Integrität

- **Weitergabekontrolle**: Kein unbefugtes Lesen, Kopieren, Verändern oder Entfernen bei elektronischer Übertragung oder Transport, z.B.: Verschlüsselung, Virtual Private Networks (VPN), elektronische Signatur;
- **Eingabekontrolle**: Feststellung, ob und von wem personenbezogene Daten in Datenverarbeitungssysteme eingegeben, verändert oder entfernt worden sind, z.B.: Protokollierung, Dokumentenmanagement;

Verfügbarkeit und Belastbarkeit

- **Verfügbarkeitskontrolle**: Schutz gegen zufällige oder mutwillige Zerstörung bzw. Verlust, z.B.: Backup-Strategie (online/offline; on-site/off-site), unterbrechungsfreie Stromversorgung (USV, Dieselaggregat), Virenschutz, Firewall, Meldewege und Notfallpläne; Security Checks auf Infrastruktur- und Applikationsebene, Mehrstufiges Sicherungskonzept mit verschlüsselter Auslagerung der Sicherungen in ein Ausweichrechenzentrum, Standardprozesse bei Wechsel/Ausscheiden von Mitarbeitern;
- Rasche **Wiederherstellbarkeit**;
- **Löschungsfristen**: Sowohl für Daten selbst als auch Metadaten wie Logfiles, udgl.

Verfahren zur regelmäßigen Überprüfung, Bewertung und Evaluierung

- Datenschutz-Management, einschließlich regelmäßiger Mitarbeiter-Schulungen;
- Incident-Response-Management;
- Datenschutzfreundliche Voreinstellungen;

Auftragskontrolle

Keine Auftragsdatenverarbeitung im Sinne von Art 28 DS-GVO ohne entsprechende Weisung des Verantwortlichen z.B.: eindeutige Vertragsgestaltung, formalisiertes Auftragsmanagement, strenge Auswahl des Auftragsverarbeiters (ISO-Zertifizierung, ISMS), Vorabüberzeugungspflicht, Nachkontrollen.

[redacted]

[redacted]

[redacted]

FSC
www.fsc.org
MIX
Papier | Fördert gute Waldnutzung
FSC® C083411

Kolibri 360 GmbH
Ferdinand-Jühlke-Straße 7
99095 Erfurt, Deutschland
produktsicherheit@kolibri360.de

Druck:
CPI Druckdienstleistungen GmbH
im Auftrag der
Kolibri 360 GmbH
Ferdinand-Jühlke-Str. 7
99095 Erfurt